*Mas sejam fortes e não desanimem,
pois o trabalho de vocês será recompensado.*

2 Crônicas 15:7

Tudo que passei para passar

Quando desistir não é uma opção

abdr
ASSOCIAÇÃO BRASILEIRA DE DIREITOS REPROGRÁFICOS
Respeite o direito autoral

Thales Vinícius

Tudo que passei para passar

Quando desistir não é uma opção

1ª edição
2ª tiragem

Editora Impetus

Niterói, RJ
2015

© 2015, Editora Impetus Ltda.

Editora Impetus Ltda.
Rua Alexandre Moura, 51 – Gragoatá – Niterói – RJ
CEP: 24210-200 – Telefax: (21) 2621-7007

Conselho Editorial:
Ana Paula Caldeira • Benjamin Cesar de Azevedo Costa
Ed Luiz Ferrari • Eugênio Rosa de Araújo
Fernanda Pontes Pimentel • Izequias Estevam dos Santos
Marcelo Leonardo Tavares • Renato Monteiro de Aquino
Rogério Greco • William Douglas

Projeto Gráfico: SBNigri Artes & Textos Ltda.
Editoração Eletrônica: SBNigri Artes & Textos Ltda.
Capa: Wilson Cotrim
Revisão de Português: C&C Criações e Textos Ltda.
Impressão e encadernação: Editora e Gráfica Vozes Ltda.

1ª edição – 2ª tiragem

V79t
    Vinicius, Thales
        Tudo que passei para passar: quando desistir não é uma opção / Vinícius Thales. – Niterói, Rj: Impetus, 2015.
        116 p. ; 14 x 21 cm.

        Inclui bibliografia.
        ISBN: 978-85-7626-832-1

    1. Vinícius, Thales. 2. Auditores fiscais – Brasil – Biografia.
3. Professores – Brasil – Biografia. I. Título.

CDD – 923.7

O autor é seu professor; respeite-o: não faça cópia ilegal.
TODOS OS DIREITOS RESERVADOS – É proibida a reprodução, salvo pequenos trechos, mencionando-se a fonte. A violação dos direitos autorais (Lei nº 9.610/1998) é crime (art. 184 do Código Penal). Depósito legal na Biblioteca Nacional, conforme Decreto nº 1.825, de 20/12/1907.

A **Editora Impetus** informa que quaisquer vícios do produto concernentes aos conceitos doutrinários, às concepções ideológicas, às referências, à originalidade e à atualização da obra são de total responsabilidade do autor/atualizador.

www.impetus.com.br

Dedicatória

À Cris, minha amada, amiga e companheira de toda vida e à pequena Celina, nossa dádiva que veio do céu.

Agradecimentos

A meu pai, Gumercindo, pois, com ele, aprendi a cativar as pessoas e ver o quanto é bom ter amigos.

A minha mãe, Luisa, o bastião da família, pois, com ela, aprendi a ter equilíbrio e força nos momentos certos.

A meus irmãos Eduardo e Thais que sempre estiveram de prontidão para ajudar no que fosse preciso.

A minha tia Ismênia, a quem sempre admirei, respeitei e em quem me inspirei. Obrigado por tudo!

A todos os meus amigos, familiares e colegas de trabalho que me apoiaram nessa difícil jornada.

A Vicente Paulo e a William Douglas, que me apoiaram e orientaram na empreitada desta obra.

O Autor

- Graduado em Administração de Empresas pela Universidade Estadual do Ceará – Uece
- Aprovado no concurso da Caixa Econômica Federal em 2004
- Ex-Analista Tributário da Receita Federal do Brasil
- Auditor-Fiscal da Receita Federal do Brasil
- Chefe da Divisão de Gestão de Pessoas da 3ª Região Fiscal da Receita Federal do Brasil
- Instrutor da Escola de Administração Fazendária do Ministério da Fazenda – Esaf

Prefácio

Como concurseiro, fico muito orgulhoso de ver uma história de superação como essa. Ao tomar conhecimento dela, naturalmente fiz votos e meus melhores esforços para que fosse compartilhada. Sei que assim como é um legado para ele e sua família, pode ser um diferencial na vida de muitas pessoas.

Engana-se quem pensa que para passar em concursos basta estudar. Não basta. Não só é preciso aprender a estudar, como a fazer provas, e, mais que tudo, a lidar com todos os obstáculos, reveses e desafios de uma jornada longa, extenuante mas compensadora.

Toda vida esconde um mar de experiências e, para quem a deseja, sabedoria. A cada esquina de nossa história, a cada encruzilhada, a cada desvio, a cada barreira, é possível aprender e construir mais um pouco a partir da trajetória de pessoas de valor. Foi exatamente essa a sensação que tive ao ler *Tudo que passei para passar*, de Thales "Debeste" Vinícius.

Já tive o prazer de ler muitas biografias, algumas alegres, outras misteriosas, outras tristes, outras inspiradoras, mas poucas tão profundamente inspiradas em simplicidade, emoção e humildade como a que você tem agora em mãos. E com bons resultados, anoto. Esta é uma biografia de um vencedor! E, do jeito que eu gosto, uma biografia prática, voltada não para o próprio endeusamento ou vaidade, mas para ajudar outras pessoas a vencer também.

Sim, para o concurseiro, o relato da vida de Thales vai muito além de uma série de acontecimentos: ele pode ser verdadeira fonte de inspiração, já que nosso narrador descreve a carreira pública com a didática de um professor preocupado que pega seus alunos pelo braço e conduz pelos meandros da matéria. Desde os já conhecidos benefícios da carreira pública até seu relato pessoal, intimista e caloroso, a obra é um manual de aprovação e um guia de perseverança.

Para mim, em particular, trata-se de uma mistura de orgulho – pela trajetória em si e pela contribuição que traz a todos que compartilham dela – e convicção de que tudo o que prego é verdadeiro e positivo. Thales aponta em sua história conceitos que difundo há tempos e que são cada vez mais solidificados ao longo dos anos. O uso e importância de aliados, especialmente a família, como conciliar estudo e trabalho, não desistir após a reprovação e usá-la como aliada, a contribuição dos grupos de estudos, adequar sua preparação à banca e o cursinho são só algumas delas e, a cada página, o leitor-concurseiro irá se deparar com muitos outros conceitos vitais à preparação.

A leitura dessas páginas somente corroborou minha certeza de que qualquer pessoa pode melhorar de vida. Qualquer um pode, a partir de onde está, traçar objetivos e lutar por eles. Todos podemos encontrar em nós, na família, em professores ou em Deus força para superar barreiras e limites.

Recomendo que leia esta história de vida, que se deixe ficar emocionado, que se surpreenda e que aprenda com os conselhos e experiências que contém. São edificantes.

Agradeço pela oportunidade de ter podido ler em primeira mão esta obra que definitivamente irá se destacar nas prateleiras da existência e tem lugar garantido na minha lista de recomendações a quem deseja obter sucesso não apenas em concursos, mas em qualquer área da vida onde ousar investir.

Parabéns, Thales Vinícius!

Com abraço fraternal e concurseiro,

William Douglas

Sumário

Por que escrever um livro? ...1

A infância ...4

A retirada das amígdalas ...9

Há males que vêm para o bem ...16

Se balançar, cai ...19

O menino do arquivo ...22

Von Willebrand ...26

O primeiro concurso público ...30

A verdadeira descoberta do concurso público ...32

A primeira aprovação ...35

Entrando na Receita Federal (Tudo isso?) ...37

Chegando a Floriano – PI e a volta aos estudos ...43

Aprendendo com as derrotas ...48

O comparsa dos bandidos ...49

A descoberta do câncer 53

A segunda cirurgia 59

Resultado da biopsia e mais uma volta aos estudos 63

Exame em São Paulo e a prova da Receita 65

Lua de mel no hospital (Terceira cirurgia) 67

A quarta cirurgia 70

Força de vontade 73

Início da quimioterapia 77

Faculdade de Direito 80

Mais uma vez, de novo, novamente 82

Aparando as arestas 84

Outro baque em minha vida 86

Os estudos e os efeitos colaterais da quimioterapia 89

A importância do planejamento 92

No dia da prova 94

O tão esperado dia 97

Por que escrever um livro?

Estava me recuperando da primeira cirurgia, uma recuperação muito lenta, pois sou portador da Doença de Von Willebrand, uma doença ligada à coagulação sanguínea, algo semelhante à hemofilia. Qualquer corte no corpo pode se tornar um problema sério, principalmente em uma intervenção cirúrgica. Apesar de todo o cuidado, sangrei por dez dias. Já estava bem abatido, mas ainda iria piorar, pois receberia uma triste notícia.

Todos sabem que o câncer é uma doença que mata, que pode atingir a criança, o jovem, o adulto e o velho, pode atingir o rico e o pobre, o negro e o branco, os homens e as mulheres, enfim qualquer pessoa pode ter câncer, menos você. Esse é o pensamento da maioria das pessoas, esse era o meu pensamento.

Receber a notícia de um câncer é uma das piores coisas que pode acontecer na vida de uma pessoa, sem dúvida, é um divisor de águas para qualquer um, comigo não foi diferente.

Por que eu? Essa era a pergunta que martelava minha cabeça dia e noite, sem parar. Dormir passou a ser a melhor coisa da vida, pois comumente sonhava que estava curado ou até mesmo sonhava que a notícia do câncer não tinha passado de um pesadelo, mas infelizmente tinha que acordar e encarar a realidade. Passei a ter pensamentos mesquinhos, sempre que via na televisão pessoas mais velhas, me questionava por que eu que sou jovem e não aquela pessoa que já viveu boa parte da vida. Lamentável pensamento.

Passei a pensar na morte como um fato iminente, lutar não era uma alternativa, a morte já era certa. Olhava para minha família reunida e pensava como seria quando partisse, pensava na minha esposa, minha amada Cris, como ela iria enfrentar a dor da perda, pobre coitada, seria viúva tão jovem, o mesmo já havia acontecido com a mãe dela, seria a sina da família? Pensava também como eu seria lembrado pelas pessoas, qual imagem teria deixado para elas, seria boa? E o tempo perdido com os estudos? Em muitos momentos, deixei de aproveitar a vida para estudar a fim de poder garantir um futuro melhor, mas que futuro? Todo esforço havia sido puro tempo perdido, tempo jogado no lixo. Enfim, comecei a ver a vida por vários pontos de vista, mas todos levavam ao mesmo lugar, à morte.

Nesta época, havia deixado fechado o meu apartamento em Floriano – PI, cidade onde exercia o cargo de Analista Tributário da Receita Federal do Brasil – ATRFB, pois era preciso ficar em Fortaleza – CE para fazer os exames necessários e poder ter um melhor acompanhamento médico. Eu e minha esposa passamos a morar no quarto dos fundos, que ficava no quintal da casa dos meus pais. O que antes era o quarto da bagunça, onde meus pais guardavam todos os tipos de tranqueiras, agora era nossa casa, uma casa apertada e sem banheiro, não imaginava, mas iríamos morar lá por um ano.

Como não podia sair de casa, passava o dia no quartinho assistindo à televisão, na verdade, olhando para ela, pois não tinha muita concentração, ficava vagando com o pensamento. Até que um dia um programa me chamou a atenção.

No sábado, aconteceu um fato que mudou minha forma de ver as coisas e de encarar meus problemas. Isso aconteceu assistindo ao programa do Caldeirão do Hulk, no quadro Lar Doce Lar, aquele quadro que reforma as casas das pessoas. Nesse dia, foi apresentada uma linda história de amor e superação. O programa contava a história de Maria Cristina, que residia em Duque de Caxias – RJ, uma jovem de 26 anos, que ficou paraplégica aos 14 anos após ser atingida, no abdômen, por uma bala perdida. A bala perfurou um rim, o baço, o pâncreas, o intestino e três vértebras da coluna. Essa jovem era casada e tinha dois filhos, o mais novo estava recém-operado de um problema de nascença na perna. Eles viviam em uma casa muito pobre e se sustentavam com apenas o salário do marido de R$ 700,00 (setecentos reais). A Maria Cristina tinha vários motivos para ser infeliz, mas não era. Fiquei impressionado como ela conseguia manter o sorriso no rosto diante de tantos problemas. Lembro que ela disse duas frases que me marcaram muito, que eram as seguintes: "Não tem uma noite de choro que não venha com uma manhã de alegria" e "Acho que na vida a gente tem duas opções, ou viver bem, ou não viver, eu escolhi viver". Essa história foi o tapa na cara de que precisava para acordar para a vida novamente, juro que, depois dela, minha vida mudou, não me entreguei mais, mesmo depois de todos os problemas pelos quais passei e passo até hoje.

A Maria Cristina nem imagina o bem que me fez, queria muito poder abraçá-la e dizer isso pessoalmente, não sei se um dia vou conseguir. Essa história me fez tão bem que falei para mim mesmo que, depois que superasse todos os meus problemas, iria contar a minha própria história, pois, da mesma forma que a Maria Cristina me ajudou, eu também poderia ajudar outras pessoas que estivessem passando por momentos difíceis.

A infância

Meu nome é Thales Vinícius Santiago Bezerra, mas inicialmente fui registrado como Thales Vinícius Santiago da Silva, o nome de solteiro da minha mãe.

Quando meus pais começaram a namorar, meu pai já estava com viagem marcada para ir morar em Natal – RN. Nesse período, minha mãe engravidou, mas não avisou nada ao meu pai, pois não queria que ele ficasse apenas por conta da gravidez, mas por conta dela também. Meu pai soube da minha existência apenas após meu nascimento, mas, logo depois, voltou a Fortaleza e reatou com minha mãe. Apesar de a história deles dois ter começado um pouco torta, não tenho dúvida de que eles formam o casal mais lindo que já vi, foram feitos um para o outro. O amor deles sempre formou a base da nossa família.

Nasci em Fortaleza – Ce, numa família humilde, mas que deu muito mais do que o dinheiro pode dar, pois cresci repleto de amor e alegria. Sou filho de Maria Luisa, minha Mamuska, e do Gumercindo, o querido Guma. Sou o mais velho de três irmãos; completam a lista o Eduardo e a caçula Thais, que já me deu um lindo sobrinho, o qual também é meu afilhado. Costumo brincar com todos dizendo que sou o preferido primogênito primeiro.

Cresci em Messejana, um bairro popular de Fortaleza, o mesmo onde nasceu o escritor mais famoso do Ceará, José de Alencar. Minha casa, a mesma em que meus pais moram hoje, ficava de frente para uma praça pública, e é, nessa praça, que tenho as melhores lembranças da infância. Lá, junto com amigos, aconteciam diversas brincadeiras que lembro com muita felicidade. Além das tradicionais como futebol, basquete e vôlei, tinha também pega-pega em cima das árvores, ana mula, bandeirantes, bets e muitas outras.

Minha mãe é funcionária de nível médio da Conab – Companhia Nacional de Abastecimento, uma empresa pública federal. Meu pai sempre foi motorista, mas, após sofrer um acidente no trânsito, aposentou-se por invalidez, pois, depois do acidente, ele passou a ter problemas de tonturas. Diversas vezes, passamos dificuldades financeiras em casa, pois, apesar de minha mãe ser funcionária pública, foi demitida no Governo Collor junto com milhares de outros funcionários espalhados pelo Brasil. Por conta disso, ela trava uma disputa na Justiça, já foi demitida e reintegrada cinco vezes. Já meu pai, por ser da iniciativa privada, também sofreu algumas vezes com demissão. Apesar das dificuldades, nunca faltou o básico, como comida e moradia, pois sempre recebemos ajuda dos familiares mais próximos.

Por conta das dificuldades financeiras, comecei a ganhar meu dinheiro desde os doze anos de idade, de início, vendendo bila (conhecida em outros lugares como bola de gude). Como eu era muito bom, sempre ganhava dos amigos, assim sobrava bila para vender. Também passei um tempo vendendo pipoca e café; ia a todas as mercearias do bairro oferecendo os produtos. Isso aconteceu em 1994, justamente na transição do Cruzeiro para o Real. Costumava andar com uma tabela impressa de um jornal para saber qual era o preço correto de cada mercadoria, pois alguns pagavam em Cruzeiro e outros em Real. Além dessas atividades, também trabalhei entregando quentinha nas casas, ia entregar na minha bicicleta novinha, comprada com o meu próprio dinheiro. Essa bicicleta era um grande orgulho para mim.

Sempre fui controlado com dinheiro e, nessa época, já ajudava meus pais, pois normalmente tinha algum trocado no bolso. Estava sempre disposto a ganhar um trocado. Tinha um amigo mais velho que costumava pegar "bicos" (trabalhos esporádicos), ele sempre me chamava para ser seu auxiliar. Nesses bicos, apareciam terrenos para capinar, caixa d'água para lavar, portões para pintar e muitas outras atividades. Ele ficava com 60% do dinheiro, e eu com os 40% restantes. Para mim estava ótimo.

Ganhar dinheiro na infância é uma tentação, geralmente as crianças deixam a escola em segundo plano e passam a priorizar o trabalho. Comigo não foi diferente, estudava em um colégio do bairro, não tinha nenhuma afinidade com os estudos, só pegava nos livros na véspera das provas. Fui reprovado por duas vezes no colégio, mas nunca repeti o ano. Na primeira vez, quando fazia a terceira série (atual quarto ano), minha mãe foi falar com a diretora, e ela me deu mais uma chance. A segunda foi em 1994, quando fazia a sexta série do ensino fundamental (atual sétimo ano). Fui reprovado em Literatura, mas não repeti o ano, pois minha mãe encontrou uma escola que não cobrava Literatura na sua grade, assim, para essa escola, eu estava aprovado.

Na oitava série (atual nono ano), me envolvi numa briga com outro aluno. A diretora do colégio queria me expulsar já que eu havia sido o agressor, mas, no final das contas, fui transferido para o turno da tarde como punição. Apesar de sempre ter sido muito magro, briguei com o maior valentão da sala, bem mais forte do que eu, isso me rendeu alguns créditos como rebelde. Com isso, deixei de ser apenas um garoto brincalhão e passei a ser "bad boy", e eu achava isso o máximo. Agora que não queria nada com os estudos mesmo.

Minhas amizades também haviam mudado. Passei a andar com outra galera, agora ficava no "banco da fumaça", local onde as pessoas consumiam e vendiam drogas, principalmente maconha. Nunca consumi, minha rebeldia não ia a tanto, mas estava sempre entre elas.

Certa vez passei um grande sufoco, desses que podem mudar a trajetória da vida de qualquer um. Estava no "banco da fumaça" vendo alguns colegas jogando dama, quando apareceu uma pessoa muito mal encarada. Até então tudo bem, pois ali era um ponto de venda de drogas e frequentemente apareciam pessoas desse tipo, mas essa não estava atrás de drogas, estava atrás de um acerto de contas com um dos meus amigos. Por isso sacou a arma e começou a disparar em nossa direção. Por sorte, dos quatro tiros, os dois primeiros falharam, "bateu catolé". Foi o tempo necessário para sairmos correndo. Nunca corri tão rápido, minha corrida foi digna de recorde mundial; deixaria até o jamaicano Usain Bolt para trás. Escapamos por pouco.

Logo após os disparos, meu amigo, alvo dos tiros, pegou minha bicicleta e sumiu, fiquei preocupado, pois não sabia como explicar o sumiço dela na minha casa. No final da tarde, soube que a bicicleta estava na casa desse meu amigo. Chegando lá, o vi junto com uma turma. Eles contaram que já haviam disparado uns tiros na casa do atirador para intimidá-lo.

Todos falavam do ocorrido rindo como se fosse algo normal. O que para mim havia sido um desespero, para eles, havia sido apenas mais um dia. Depois disso, percebi que não pertencia a esse mundo e logo tratei de me separar dessa turma.

A retirada das amígdalas

Sempre fui um jovem saudável, não adoecia por nada, adorava esportes, principalmente futebol, poderia jogar o dia todo e não cansava, mas minha vida começou a mudar em 1998. Aos 15 anos, simplesmente do nada, começaram a aparecer umas dores nos joelhos e essas dores só pioravam.

Minha mãe me levou a alguns médicos, que sempre davam láudos diferentes, má-formação dos ossos, dor do crescimento e infecção. Sem um laudo preciso, comecei o tratamento fazendo fisioterapia, fiz dezenas de sessões, mas não tive sucesso. Depois passei a fazer tratamento com Benzetacil, tomava uma injeção semanal. Quem já tomou sabe o quanto dói, o líquido se espalha e, com isso, a dor também. Sempre pedia para aplicar nos braços, ora o direito, ora o esquerdo. Foi mais uma tentativa que não deu certo.

Nessa fase, não praticava mais esportes, pois o simples fato de caminhar já era incômodo, até que apareceu um novo laudo, o de amigdalite. Um ortopedista falou para minha mãe que o problema não estava nos joelhos, mas sim nas amígdalas, pois quando elas inflamavam davam dores no corpo e no meu caso as dores eram focadas nos joelhos.

Assim, fui encaminhado para um otorrinolaringologista. Foi a primeira vez que ouvi esse nome, depois disso, perguntava para todo mundo que eu via se já conhecia essa profissão, achei até engraçado, tinha dificuldade para pronunciá-la. Chegando à clínica do médico, ele pediu alguns novos exames e, com os resultados em mãos, disse que teria que retirar as amígdalas. Minha mãe nem se preocupou, já que minha irmã havia feito a mesma cirurgia há alguns anos e tinha corrido tudo bem, com uma recuperação tranquila, mas, no meu caso, foi completamente diferente. Tudo isso por conta de uma doença que eu só iria descobrir mais à frente, apenas com 21 anos de idade.

Na cirurgia, correu tudo bem, o problema foi no pós--operatório. Minha recuperação estava muito lenta, não evoluía como o esperado, até que, no sétimo dia após a cirurgia, tive o primeiro problema. Era por volta das 17h quando comecei a passar mal com ânsia de vômito. Era uma sensação muito ruim, minha mãe tentava me acalmar, mas não dava, o mal-estar não passava, até que fui ao banheiro e comecei a vomitar sangue. Vomitava sem parar, saíam bolas como se fosse sangue coalhado, ficava imaginando que estava colocando para fora algum órgão. Como não tínhamos carro em casa, meus pais foram à procura de um vizinho que tivesse carro para me levar ao hospital.

Chegando ao hospital, o médico disse que havia rompido um vaso e que eu fiquei muito tempo engolindo sangue, por isso vomitei. Para minha tristeza, a forma utilizada para fechar esse vaso e parar o sangramento era através da cauterização elétrica. Essa cauterização, também conhecida como eletrocirurgia, é um processo que tem a função de destruir o tecido com eletricidade, sendo frequentemente utilizado para parar o sangramento de pequenos vasos.

A retirada das amígdalas

Fui para a sala de cirurgia sem me preocupar muito com o procedimento, estava mais preocupado em parar de sangrar, pois não parava de cuspir sangue. Chegando à sala de cirurgia, fiquei sentado de frente para o médico, a enfermeira colocou em mim todos os instrumentos necessários para começar o procedimento e pediu também que eu colocasse meu braço em cima de uma placa de metal, mas em momento algum me disse para que servia.

O procedimento foi muito sofrido; apesar de o médico ter aplicado na garganta um anestésico, provavelmente xilocaína, sentia muitas dores com as queimaduras. Já estava ficando nervoso, pois, além das queimaduras, existia o fato de sentir o cheiro de carne queimada saindo de dentro da minha boca, uma sensação muito desagradável. Fiquei praticamente o tempo todo com os olhos fechados. A essa altura, a enfermeira segurava um instrumento na minha boca para sugar a secreção formada, quando, de repente, ela começou a puxar minha cabeça para o lado e, logo depois, veio um estrondo. Quando abri os olhos, vi o que tinha ocorrido, a enfermeira havia desmaiado, provavelmente não conseguiu ficar calma ao ver aquela cena e o estado de nervos em que eu me encontrava. Claro que, depois desse episódio, fiquei mais nervoso ainda. Posteriormente, soube que a enfermeira havia sido demitida por conta do ocorrido.

Após a cauterização, o sangramento parou, ainda não podia falar praticamente nada, mas, mesmo assim, disse para minha mãe que preferiria morrer a ter que refazer esse procedimento. Nem imaginava que aquele tinha sido apenas o primeiro. No mesmo dia, o médico me deu alta e voltei para casa. As restrições continuavam as mesmas, a alimentação só poderia ser líquida ou pastosa e deveria falar o mínimo possível.

Segui à risca todas as recomendações dadas, mas, mesmo assim, cinco dias depois, voltei a sangrar. Estava dormindo quando acordei com uma secreção na boca. Nesse período, criei uma mania de cuspir na palma da mão para ver se tinha sangue, e assim o fiz. Quando acendi a luz, vi que a palma da minha mão estava cheia de sangue. Logo chamei minha mãe, eram 3h da madrugada quando ela ligou para o celular do médico falando do ocorrido, ele disse que estava dormindo e que só poderia atender às 6h da manhã. Fiquei todo esse tempo sangrando. Enquanto isso, mais uma vez meus pais foram pedir ao vizinho para me levar ao hospital.

Já não estava tranquilo como na primeira vez, pois agora sabia como era o procedimento para parar o sangramento e todo o sofrimento que me esperava. Então foi repetido todo o ritual, a enfermeira, não mais a mesma, colocou em mim todos os instrumentos necessários e também a placa de metal embaixo do meu braço e, mais uma vez, não me falou para que servia. Quando o médico pegou a ferramenta e pediu que eu abrisse a boca, fiquei muito tenso, e isso porque nem sabia que dessa vez ia ter literalmente um choque. Logo com o primeiro disparo, já fiquei muito nervoso, os músculos do meu corpo tremiam todos e, por conta disso, acabei tirando o braço da placa, justamente aquela placa que ninguém havia me dito para que servia. Com esse ato, tomei um tremendo choque que percorreu todo o meu corpo. Só assim descobri a utilidade da danada da placa, ela fazia com que eu não o levasse. Levar um choque sempre é traumático e, no meu caso, foi pior ainda, pois ele começou pela garganta. Infelizmente é algo que nunca vou esquecer.

Terminado o procedimento, tentei levantar, pois, na primeira cauterização, fui caminhando para a sala de recuperação, mas, dessa vez, não deu, cai de imediato no chão, as pernas estavam tão bambas que não consegui ficar de pé. Fui levado para a sala de recuperação em uma cadeira de rodas.

O médico não entendia o motivo de tanto sangramento. Segundo ele, em vinte e cinco anos de profissão, nunca havia visto algo semelhante, por isso resolveu fazer uma bateria de exames de sangue, mas nenhum deles acusou algo que pudesse explicar o ocorrido.

Mais uma vez, voltei para casa, agora, com mais cuidado ainda, meus pais não me deixavam fazer nenhum esforço, pois a atenção era redobrada. Lembro que uma vizinha que havia feito a mesma cirurgia uma semana depois de mim foi me visitar, ela já estava completamente recuperada. Isso mostrou o quanto minha cirurgia estava problemática.

Para minha tristeza, uma semana depois, tive outra hemorragia, dessa vez, começou às 10h da manhã e novamente passei por todo o procedimento, só que agora, além de cauterizar, o médico também queria pontear. Eu estava muito abalado com tudo isso e não deixei. O médico ficou furioso e disse que eu não tinha atitude de homem e sim de um menino mimado. Acho que o médico estava muito enganado, não era um nem outro. Não era um homem, pois tinha apenas 15 anos de idade e também não era o menino mimado, pois, apesar da pouca idade, já tinha batalhado bastante na vida.

A situação estava delicada, e eu não deixava o médico iniciar o procedimento de forma alguma, criei raiva dele, até que minha mãe pediu para entrar na sala de cirurgia para conversar comigo. Não lembro das palavras que ela me disse, mas lembro que, com seu jeito manso, que só uma mãe sabe ter com seu filho, ela conseguiu me convencer. Acabei saindo da sala de cirurgia cauterizado e ponteado.

O médico disse que não me preocupasse, pois agora estava seguro e não havia perigo de sangrar. Engano dele, pois 10 dias depois, acordei por volta das 2h da madrugada com uma secreção na garganta e mais uma vez cuspi na palma da mão. Para minha tristeza, era outra hemorragia. Saí correndo para o quarto dos meus pais e comecei a esmurrar a porta dizendo com o pouco de voz que ainda tinha, que iria morrer, repetia sem parar dizendo que iria morrer.

Outra vez minha mãe ligou para o médico e novamente ele disse que só poderia me atender às 6h da manhã. Minha mãe ficou impressionada com a frieza do médico, que demonstrava que não tinha nenhuma obrigação de me atender.

Alguns dias antes, uma tia, a mais devota da família, havia me dado um terço de oração e disse que eu rezasse para ficar curado, mas não dei nenhuma importância para o que ela falou, deixei o terço jogado em algum lugar do meu quarto.

Como não tinha nada a fazer além de esperar, minha mãe pegou esse terço no meu quarto e disse que eu rezasse, assim eu o fiz. Rezei das 2h até às 4h da madrugada e, por incrível que pareça, o sangramento parou para nunca mais voltar. Pela primeira vez, o sangramento havia parado sem nenhuma intervenção médica, acho que a fé me curou. Até hoje guardo esse terço na cabeceira da minha cama, tenho muito carinho por ele.

Infelizmente, por conta das cauterizações, fiquei com uma sequela que durou por anos. Criei pânico de energia elétrica, não conseguia tocar em nenhum aparelho que estivesse ligado na tomada, por mais que soubesse que não havia risco de levar choque. É curioso como funciona a cabeça de uma pessoa que tem pânico de algo. No meu caso, ficava nervoso em apenas olhar para um fio elétrico, mesmo que ele estivesse desligado. Graças a Deus, consegui superar esse trauma, mas não foi fácil, só consegui ter coragem para enfrentar o problema em 2007, aos 25 anos de idade, quando morava em uma casa sozinho em Floriano – PI. Fiquei muito alegre quando consegui trocar a primeira lâmpada. Claro que o registro de energia da casa estava desligado, mas, mesmo assim, foi uma grande vitória.

Há males que vêm para o bem

Não fiquei completamente bom dos joelhos, mas as dores diminuíram, conseguia andar sem problemas, porém não conseguia mais praticar esportes. Além disso, apareceram outros problemas, minha garganta frequentemente estava inflamada e, de tanto tomar anti-inflamatórios, acabei desenvolvendo doenças gástricas.

No colégio, devido às licenças médicas, perdi todo o primeiro bimestre e, por conta disso, o coordenador não queria mais me aceitar. Ele falou para minha mãe que o mais correto seria que eu repetisse o ano, pois estava no segundo ano do ensino médio e o primeiro bimestre era fundamental para o terceiro ano e consequentemente para o vestibular.

Minha mãe não aceitou a proposta do coordenador e disse para ele que eu iria me esforçar e passar de ano, mesmo tendo perdido várias aulas e várias provas. Não sei de onde ela tirou isso, talvez confiasse mais em mim do que eu mesmo.

No colégio, todo bimestre era fornecido o boletim com a classificação do aluno dentro da turma. Sempre fiquei mal classificado, mas agora era diferente, havia ficado em último colocado, uma atitude radical deveria ser tomada para que a situação mudasse.

O fato era que, depois de todo o sofrimento com a cirurgia, eu não era mais o mesmo, parece que o ocorrido me fez amadurecer, a necessidade me fez criar gosto pelos estudos.

Por conta das notas ruins, meu pai pediu para que uma prima já universitária me ensinasse um conteúdo da Matemática, pois era uma das matérias em que estava com zero. Fui para a casa dela e passei o dia lá, aprendi tudo direitinho e, na hora da prova, foi só mandar ver, tirei um dez. Lembro que o professor, quando estava anunciando as notas, parou na minha frente e perguntou: Como um aluno tira zero na primeira prova e depois tira dez na segunda? Ele estava claramente insinuando que eu havia colado, mas não me intimidei e falei em tom de descontração: "Tirei dez por que sou o melhor". A turma toda riu. Foi nesse momento que percebi que era capaz e que dependia apenas de mim para atingir meus objetivos.

Depois desse fato, passei a repetir tanto a frase "sou o melhor" que acabei recebendo o apelido dos amigos de *The Best*. Até hoje muitos me chamam assim, o engraçado é que me chamam "o Debeste" um total aportuguesamento do nome.

Esses ocorridos trouxeram mudanças, pois comecei a estudar apenas por obrigação de ter que passar de ano em condições adversas, mas, por incrível que pareça, aquela pressão me fez criar gosto pelos estudos, estudar não era mais um obrigação, era um prazer. Iniciei o segundo ano como o último colocado da sala e terminei como o oitavo, uma grande evolução, pois até então minha melhor classificação havia sido o trigésimo sétimo lugar.

No terceiro ano, pré-vestibular, passei a estudar ainda mais, estudava em torno de quatro horas por dia, atitude totalmente inimaginável para alguém que passava o dia na rua. No terceiro bimestre, cheguei a ser o primeiro aluno da sala, o Guma e a Mamuska eram só orgulho, o filho perdido, parecia que havia encontrado um caminho. Aquela cirurgia realmente mudou minha vida. Como diz o ditado, há males que vêm para o bem.

Se balançar, cai

Em 1999, havia, em Fortaleza, duas universidades públicas e uma particular, esta estava fora de cogitação, pois o valor da mensalidade estava bem além das condições dos meus pais. Então, prestei vestibular para a Universidade Estadual do Ceará – Uece e para Universidade Federal do Ceará – UFC.

Fiz primeiro a prova da Universidade Federal do Ceará – UFC, concorri para a vaga de Ciências da Computação, um dos cursos mais badalados da época e mais concorridos também. Passei para a segunda fase, mas não me dei bem na discursiva, fui fazer a prova tão nervoso que vomitei na rua enquanto caminhava para o local do exame. Fiquei apenas entre os classificados, mas fora do número de vagas.

Logo depois, prestei vestibular para a Universidade Estadual do Ceará – Uece. Concorri para a vaga de Administração de Empresas, outro curso muito concorrido, mas também não passei. Dessa vez, fiquei longe de ser aprovado. Tive um fraco desempenho.

Essas reprovações me deixaram bem triste, se fosse antes, quando não estudava, não estaria nem aí para esse resultado, mas agora era diferente, eu tinha me esforçado, e me esforçado muito, inclusive vendi meus ingressos da festa de formatura para pagar umas aulas extras com os melhores professores da cidade. Talvez a falta de base nos estudos tivesse pesado na hora da prova, talvez fosse querer sonhar demais passar com tão pouco tempo de estudo, afinal, foi uma vida longe do hábito da leitura.

Como não passei no vestibular, decidi trabalhar. Comecei em janeiro de 2000, mas não tirei a universidade do foco. Resolvi que iria trabalhar só até o meio do ano e, nesse período, juntaria dinheiro para poder pagar um cursinho pré-vestibular no segundo semestre.

Enquanto isso, estudava do jeito que dava, além de estudar à noite em casa, também me dedicava no intervalo do almoço, enquanto meus colegas de trabalho ficavam batendo papo, eu ia para uma sala isolada e começava a estudar. Ia para o trabalho de ônibus, o trajeto dava em torno de uma hora, então passei a tirar esse momento para estudar também. Até hoje fico impressionado com o quanto conseguia me concentrar com toda a baderna de um ônibus lotado.

Quando chegou o meio do ano, a Uece abriu vestibular, mas, apesar de estar estudando, não tinha interesse em fazer, pois estava decidido a passar para Ciências da Computação na UFC, que só iria acontecer no final do ano.

Minha mãe perguntou se eu iria fazer o vestibular da Uece, disse que não e expliquei meus motivos, ela entendeu, mas disse que eu deveria fazer apenas como um teste. Não gostei muito da ideia, pois teria que gastar uma grana na inscrição para uma universidade pela qual não tinha mais interesse. Mesmo assim, ela me convenceu e eu me inscrevi.

Diferente do que ocorreu em meu primeiro vestibular, fui fazer a prova sem nenhuma preocupação, totalmente tranquilo. Na verdade, fui fazer a prova de forma displicente, lembro que fiz a redação direto sem nem fazer rascunho. Estava tão impaciente que fiz diversas rasuras.

Depois da prova, passei a seguir minha vida normal, já tinha inclusive ido ao cursinho pegar o material de inscrição, estava certo também de que iria sair do trabalho e me dedicar apenas aos estudos. Isso era o que eu imaginava.

Um belo dia, quando estava no banco da praça que fica de frente para a casa dos meus pais, com uns amigos que também haviam feito o mesmo vestibular, uma amiga que tinha computador com internet em casa (recurso para poucos na época) chegou dizendo que o resultado da Uece havia saído. Fomos todos para a casa dela. Chegando lá, vi meu nome na lista dos aprovados. Meus amigos não haviam passado, mas começaram a vibrar com meu resultado, coisa que não fiz, pois fiquei parado, todo duro, sem acreditar. Meus amigos começaram a me balançar de um lado para outro tentando me animar, pois eu não estava acreditando no que estava vendo.

Quando cheguei a casa para dar a notícia, meus irmãos vibraram bastante, minha mãe me abraçou e beijou muito, mas o mais curioso foi meu pai, que ficou tão empolgado com a novidade que mal falou comigo, correu direto para o telefone e ligou para a família toda contando a boa notícia.

Passada a euforia, fomos verificar minha classificação e, para espanto de todos, obtive a classificação de número 40. Detalhe, eram 40 vagas, havia passado em último, mas não importava, estava aprovado. Falava para todo mundo que tinha sido o último da lista e que se balançassem o papel contendo a classificação meu nome cairia. Pode ser engraçado, mas ser classificado em último colocado foi umas das maiores conquistas que já tive.

O menino do arquivo

Como disse, comecei a trabalhar em janeiro de 2000, com apenas 17 anos, em uma empresa especializada em arquivo. Iniciei como auxiliar de arquivo, no começo era bem pesado, pois passava o dia fazendo caixa de papelão ou carregando caixas cheias de documentos de um lado para o outro. Meu salário era de R$ 272,00, o que para mim, que sempre tive um padrão de vida baixo, era um bom dinheiro. Desse valor, separava R$ 100,00 para minha mãe, essa era a poupança que eu faria com ela, para ela poder pagar meu cursinho no segundo semestre, o resto ficava para mim. Por incrível que pareça, todo mês ainda sobrava uma grana para guardar.

Certo dia, conversando com o digitador da empresa, ele me disse que ganhava R$ 400,00. Fiquei impressionado com o valor e logo imaginei que também poderia ser um digitador e ganhar um dinheiro a mais. Só que havia um problema, eu pouco sabia trabalhar com computadores, o único curso que havia feito tinha sido em 1996, em um centro de treinamento do Governo do Estado do Ceará. Depois disso, nunca mais tinha pego em um computador.

Nossa empresa prestava serviço para a Telemar (atual Oi), lá, eu trabalhava das 8h às 17h, com um intervalo de 1hora para o almoço. Já o digitador, tinha um horário diferente, ele chegava uma hora mais tarde e também saia uma hora mais tarde. Das 17h às 18h, ele ficava sozinho na sala. Sabendo disso fiz um pedido para ele. Pedi que me ensinasse o programa da empresa nesse horário diferenciado. Para minha sorte, ele aceitou.

Passei a trabalhar das 8h às 18h, mas a hora que trabalhava a mais era de graça, não recebia nada, pois era por conta própria e também ninguém, além de nós dois, sabia disso. Essa hora a mais fazia diferença na volta, pois o ônibus às 18h é muito mais lotado que às 17h, por diversas vezes, voltei pendurado na porta. Mas o esforço extra estava valendo a pena, pois, além de estar dominando o programa da empresa, estava também aprendendo muita coisa interessante no computador. Hoje, saber trabalhar com o computador é o básico do básico, mas, em 2000, ainda era um diferencial.

Três meses depois, minha empresa fechou um contrato de prestação de serviço com a Companhia de Energia do Ceará – Coelce, e a coordenadora precisava montar uma nova equipe e soube pelo digitador que eu estava digitando muito bem e que conhecia o programa da empresa. Ela adorou a notícia e me transformou em digitador. Meu salário não ficou em R$ 400,00, mas foi aumentado para R$ 300,00, o que mesmo assim considerei uma conquista. Nada melhor do que ser premiado pelo próprio esforço.

Fui muito elogiado por esse trabalho e, seis meses depois, em janeiro de 2001, minha empresa fechou um contrato de prestação de serviço com o Metrofor, empresa responsável pela implantação do metrô de Fortaleza. Mas esse trabalho era diferente, precisavam de alguém que ficasse responsável por todo o processo, sem o acompanhamento direto. Minha coordenadora aparecia somente uma vez por semana e apenas para dar uma orientação, o resto era por minha conta. Tinha apenas 18 anos e já estava encarando responsabilidade de gente grande. De início, apanhei um pouco, mas depois consegui dar conta do serviço.

Alguém pode pensar que o trabalho no arquivo não requer responsabilidade, mas não é assim, pois lá está toda a história da empresa, trabalhamos com diversos documentos, entre eles: fiscais, trabalhistas, históricos e sigilosos. Já vi diversas empresas se darem mal com o Fisco, não por estarem fazendo algo de ilegal, mas por não manterem a guarda dos documentos conforme a prescrição legal.

No Metrofor, parecia que eu não tinha nome, todos me conheciam como "menino do arquivo". O nosso programa havia sido implantado em todos os setores da empresa, assim todos eram responsáveis pela organização do arquivo, por isso, eu era constantemente chamado pelos diversos setores para tirar dúvidas do programa, ou de como o documento deveria ser armazenado. Assim, era menino do arquivo para cá e menino do arquivo para lá. Ainda bem que fiz um bom serviço e, quando terminei, já era conhecido como Thales. Está certo que era Thales do arquivo, mas pelo menos souberam meu nome. Acho que arquivo acabou virando sobrenome.

Antes de terminar o trabalho no Metrofor, minha empresa também me incluiu em outro projeto, esse era de uma empresa sediada dentro da UFC. Nesse período, já fazia faculdade à noite, era uma loucura, trabalhava pela manhã na UFC, pela tarde no Metrofor e pela noite ia para faculdade. Foi o período em que mais trabalhei na vida e o período também em que mais peguei ônibus.

Eram sete por dia, e era justamente nos ônibus que aproveitava para estudar, pois era o único tempo que tinha "livre".

No final de 2001, minha empresa voltou a fechar outro contrato com a Telemar (Oi), só que dessa vez era diferente, não era apenas um projeto, era um contrato de manutenção do arquivo, era para ficar por um bom tempo. Fui contratado para ser responsável pelo arquivo fiscal da Telemar (Oi), com o salário de R$ 550,00 e agora com uma vantagem, minha carteira seria assinada, pois, como sempre havia trabalhado por meio de contratos de pouca duração, trabalhava sem vínculo empregatício. Foi meu primeiro e único emprego com a carteira assinada, durou por quatro anos, pois depois virei servidor público. Até hoje guardo a carteira de trabalho, ela me traz ótimas recordações.

Von Willebrand

No dia 14 de junho de 2003, comecei a namorar a Cris. Pedi para namorar com ela já no primeiro beijo, pois sabia que era para valer. Em agosto do mesmo ano, em um domingo, fomos convidados para o aniversário de uma amiga. De início, pensei em não ir, pois estava muito gripado, mas a Cris disse que bastava eu tomar um antigripal que iria ficar bonzinho da silva. Assim, resolvi comprar o remédio.

Depois de tomar o remédio, fomos para o aniversário da minha amiga. Chegando lá, estava tudo muito bem até que eu espirrei, e bastou isso, nada mais que um espirro, para que eu começasse a sangrar pelo nariz. No começo, pensei que fosse algo simples, mas o sangramento não parava. Era um sangramento pequeno, porém constante.

Por conta do sangramento, resolvemos voltar para minha casa. Cheguei a dar um cochilo lá, mas, quando acordei, percebi que ele continuava. Por isso, resolvemos ir à emergência médica. Chegando lá, a médica passou alguns remédios e disse que era só ter calma que o sangramento iria parar.

Comprei os novos remédios e fui para casa dormir. Quando acordei, na segunda, a primeira coisa que fiz foi cuspir na mão para ver se tinha sangue. Estava repetindo o mesmo hábito de cinco anos atrás. Mais uma vez havia sangue e inevitavelmente toda a triste lembrança passava pela cabeça como um filme repetido.

Passei a manhã em casa. Quando foi meio-dia, a Cris ligou e perguntou como eu estava, e respondi que estava do mesmo jeito. Ela ficou preocupada e disse que eu precisava me consultar novamente, então, combinamos de nos encontrar no hospital.

Chegando ao hospital, fui atendido por um otorrino, que mal analisou o caso e disse que tinha de operar, e, no mesmo instante, me encaminhou para a sala de cirurgia. Achei esquisito, mas acabei me deixando levar pelas circunstâncias e fui me preparar.

Já estava deitado na sala de cirurgia, a enfermeira tinha feito todos os procedimentos necessários, quando o anestesista apareceu e perguntou qual era o meu caso. Expliquei para ele. Depois perguntou quando tinha sido a última vez que eu havia me alimentado, falei que estava com mais ou menos uma hora. O médico, no mesmo instante, disse que eu não poderia ser anestesiado e que, se o fosse, correria risco de morrer. Acho que o otorrino estava tão empenhado em me operar e faturar uma grana extra que nem se importou comigo de fato.

Como não podia me operar naquele momento, o otorrino me internou no hospital e, para parar o sangramento, colocou um tampão no meu nariz enrolado em um preservativo, era um objeto grande, acho que devia ter uns 10 centímetros. Logo depois, o médico foi embora, disse que passaria pela manhã para me operar.

Com a situação, a Cris já estava muito preocupada e ligou para minha mãe, que, quando chegou ao hospital, me encontrou passando mal. Estava muito aéreo por conta do tampão, minha mãe e a Cris ficavam perguntando o que eu tinha. Eu conseguia entender bem as perguntas, mas não conseguia responder nada, era como se eu estivesse dopado.

Minha mãe mandou chamar o médico, mas o irresponsável já havia ido embora. Ela fez um escândalo no quarto para que retirassem o tampão do meu nariz, até que chegou um médico e o retirou. Em questão de segundos, voltei ao normal. Como a situação estava acalmada, minha mãe falou que a Cris poderia ir embora para casa, assim ela fez. Minha tia Ismênia ficou sabendo do ocorrido e, de imediato, foi ao hospital. Ela já havia entrado em contato com outro otorrino e, de lá mesmo, me levou para ele. Chegando ao médico, minha mãe explicou toda a situação, e ele disse que o médico que tentou me operar havia sido expulso da clínica dele por conta de outras irresponsabilidades cometidas. Depois o médico me examinou bem e disse que não iria fazer nenhuma intervenção no local, pois havia constatado que meu problema não era no nariz e sim no sangue e me encaminhou para uma hematologista. Quanto ao sangramento, disse que eu não me preocupasse, pois dava para aguentar mais um tempo sem maiores danos.

Chegando à hematologista, ela passou alguns exames diferenciados que o plano não cobria. Tive que pagar particular. Na época, os exames eram enviados à Espanha para serem analisados lá. Enquanto esperava os resultados dos exames, a médica passou alguns remédios para tomar em casa, mas dessa vez resolveu o problema. Só depois de uma semana, meu nariz parou de sangrar. Foram sete dias cuspindo na palma da mão e vendo sangue e sete dias sentindo gosto de sangue na boca.

Com os exames prontos, foi descoberto meu problema. Sou portador da doença de Von Willebrand, uma doença hematológica hereditária, algo semelhante à hemofilia. Agora ficava claro porque sangrei com o antigripal, pois ele tem em sua fórmula o Ácido Acetilsalicílico – AAS, uma substância proibida para quem tem esse problema, pois ela "afina o sangue" aumentando o risco de sangramento. Agora ficava claro também todas as hemorragias que tive aos 15 anos de idade quando retirei as amígdalas. Se soubesse que tinha esse problema na época, não teria passado por todo aquele sufoco.

Hoje sou cadastrado no Centro de Hematologia e Hemoterapia do Ceará – Hemoce, onde, além de fazer o acompanhamento da doença, tenho amplo acesso ao DDAVP e ao Fator de Von Willebrand, substâncias que devem ter aplicação intravenosa em caso de sangramento. Depois da descoberta, fiz uso diversas vezes dessas substâncias por conta das sucessivas cirurgias a que me submeti devido ao câncer.

Tempos depois, a Cris me confidenciou que saiu do hospital naquele dia bastante nervosa e chorando muito. Pobre Cris, mal ela sabia que ali seria apenas o primeiro dos muitos sufocos que ela teria que aguentar ao meu lado. Mesmo assim, costumo brincar dizendo que ela tentou me matar no início do namoro me dando remédio com Ácido Acetilsalicílico – AAS.

O primeiro concurso público

Era agosto de 2003, quando cheguei à noite na faculdade e vi um grupo de colegas reunido. Fui direto lá para saber qual era a novidade. Quando cheguei perto, ouvi logo o comentário de um amigo:

– São R$ 638,00 mais 25% de gratificação, tá bom demais, vou fazer.

Quando perguntei do que se tratava, me falaram que o Cespe havia divulgado o edital do concurso do Banco do Brasil com o cargo de Escriturário para cadastro de reserva. Sinceramente não entendi nada, não sabia o que significava edital, cadastro de reserva e muito menos o que era Cespe.

Depois, com calma, chamei um colega para me explicar do que se tratava. Então ele me disse que Cespe (Centro de Seleção e Programação de Eventos da Universidade de Brasília) era uma das maiores organizadoras de concurso público do país e que o edital, além de ser o instrumento utilizado para tornar público o certame, é onde constam as regras para o concurso público. Disse, ainda, que o cadastro de reserva é feito quando não existem vagas definidas e que as chamadas ocorrem de acordo com a necessidade do ente público.

Como todos que estavam lá, também acabei me empolgando com o concurso, principalmente com o salário que era bem melhor do que o que eu recebia na época, além de ter a jornada de trabalho de apenas 30 horas semanais, o que, a meu ver, também era um grande diferencial. Fiz minha inscrição no concurso, mas minha empolgação não passou disso. Não tinha a mínima condição de estudar, trabalhava o dia todo e fazia faculdade à noite e, como utilizava ônibus, saía cedo de casa e chegava tarde. O pouco tempo que tinha livre era nos finais de semana, mas esse período era para tirar o atraso da faculdade, pois a leitura nos ônibus não era o bastante.

Estudei para o concurso apenas no sábado. Um dia antes da prova, li uns resumos emprestados por um amigo, as disciplinas cobradas eram: Conhecimentos bancários; Conhecimentos gerais; Informática; Português; Matemática. Com exceção de Conhecimentos Bancários, tinha uma boa base dos outros assuntos, até que deu para fazer a prova relativamente bem, mas claro que não a ponto de passar.

Quando saiu o resultado, me surpreendi, fiquei habilitado, não tenho certeza, mas acho que minha classificação foi 1.037. Fiquei muito feliz, mas essa felicidade durou pouco, pois, quando fui falar a minha colocação para um amigo, que já era concursado do Banco do Brasil, ele começou a rir de mim e disse que não havia nenhuma chance de eu ser chamado. Foi um balde de água fria na minha felicidade. De fato, ele tinha razão, soube depois que esse concurso convocou apenas pouco mais de 100 candidatos habilitados.

Apesar de não ter estudado nada, depois desse episódio, cheguei à conclusão de que concurso público era só para pessoas muito inteligentes, não para mim. Agora estava de volta pronto para seguir a carreira na iniciativa privada.

A verdadeira descoberta do concurso público

Estava no sétimo semestre da faculdade e cursava uma disciplina em que o professor era uma "figura"; costumava sempre "viajar na maionese" em suas aulas. Ele levou praticamente o semestre todo explicando que existia um projeto de poder para o mundo. Segundo ele, o mundo era comandado por trinta e sete pessoas e, dessas trinta e sete, vinte eram judeus. Claro que, com pouco tempo, esse professor virou motivo de chacota entre os alunos.

Ninguém dava a mínima para ele, boa parte dos alunos chegava apenas no final da aula, só para poder responder a chamada e ganhar presença. Apesar de a aula ser pura "viagem", sempre gostei de assisti a ela por completo, e, por incrível que pareça, valeu muito a pena. O semestre todo foi pura repetição da sua teoria da conspiração, mas teve um dia que foi diferente, e esse dia fez muita diferença na minha vida.

O professor chegou à sala de aula perguntando aos alunos quem tinha interesse em fazer concurso público, poucos levantaram a mão. Eu fui um dos que não levantou. Pois, além de não saber praticamente nada sobre concurso público, tinha bem mais interesse na carreira privada, sempre me imaginava como um executivo de sucesso em uma grande empresa.

Como poucos levantaram a mão, o professor começou a discorrer sobre as vantagens da carreira pública. Ele abordou temas que muitos já estão cansados de ouvir, como o bom salário, a estabilidade no emprego e uma melhor aposentadoria, mas sua abordagem foi de forma diferente e tocante.

O professor fez um comparativo entre ele, engenheiro civil, e seu irmão, Analista da Secretaria do Tesouro Nacional – STN.

Na década de 80, meu professor disse que ganhou muito dinheiro na iniciativa privada desempenhando a atividade de engenheiro civil, ele ganhava cerca de três vezes mais que seu irmão. Por diversas vezes, chegou a aconselhar seu irmão a largar o serviço público, e se dedicar à iniciativa privada, pois assim iria ganhar muito mais. Mas seu irmão nunca deu bola para esses comentários e continuou trabalhando na STN.

Meu professor ganhava melhor, mas esse ganho extra não era de graça, pois ele também trabalhava muito mais. Por muito tempo, trabalhou de domingo a domingo, mal pôde curtir o crescimento de suas duas filhas, enquanto seu irmão tinha os fins de semana livres, que eram dedicados à sua família.

Na década de 90, tudo mudou. Meu professor ficou desempregado por um tempo e teve que ir atrás de outra empresa para trabalhar. Só conseguiu seis meses depois e para ganhar bem menos, menos até do que seu irmão e, com um agravante, tinha que continuar trabalhando muito e sacrificando os fins de semana com sua família.

Em 1998, meu professor se aposentou, dois anos depois que seu irmão, que, apesar de mais novo, se aposentou mais cedo, em 1996, e com uma grande diferença, enquanto meu professor teve sua aposentadoria fixada no teto do INSS, seu irmão conseguiu se aposentar com um valor bem superior.

Meu professor disse que, enquanto seu irmão está curtindo a aposentadoria, ele está trabalhando, dando várias aulas por dia, não por prazer, mas por necessidade, pois precisava complementar a renda. Ele concluiu dizendo, que se pudesse voltar atrás, teria seguido o mesmo caminho que seu irmão no serviço público, não apenas por todas as vantagens ditas, mas também pela importância que um cargo público tem para a sociedade.

Seu discurso foi muito profundo para mim, pois, naquele momento, estava se abrindo uma nova porta, uma que eu sabia que existia, mas que não tinha nenhum interesse em saber o que havia do outro lado. Quando terminou a aula, fui agradecer-lhe pelo depoimento, e ele disse: "Siga meu conselho e, com certeza, chegará à minha idade com bem menos cabelos brancos do que eu".

Sempre que terminava a aula, eu ia direto para minha casa, mas, dessa vez, resolvi ir para a casa da Cris, pois estava com a cabeça fervilhando e tinha que conversar com alguém. Chegando, a primeira frase que disse quando a vi foi: "Eu quero ser governo". Ela, claro, não entendeu nada, então expliquei todo o depoimento do professor e disse que dali para frente meu objetivo seria ser servidor público.

A primeira aprovação

Em maio de 2004, pouco tempo depois do depoimento do professor, abriu o edital do concurso da Caixa Econômica Federal para o cargo de Técnico Bancário, também para cadastro de reserva. O salário inicial do cargo era de R$ 956,00, com jornada de trabalho de 30 horas semanais.

Agora tinha um diferencial, eu realmente estava determinado a entrar para o serviço público, mas o problema da falta de tempo ainda persistia, pois continuava trabalhando 8 horas por dia e fazendo a faculdade à noite.

Já trabalhava há quatro anos, mas ainda não tinha tirado um dia sequer de férias. Dessa vez, foi diferente, pedi minhas férias na empresa com um único objetivo, estudar para o concurso da Caixa Econômica Federal.

Muitos colegas preferiram fazer para o interior, pois achavam mais fácil, mas eu preferi fazer para Fortaleza, mesmo sendo mais concorrido. Se fizesse para o interior e passasse, teria que trancar a faculdade e isso estava fora de cogitação, pois a faculdade era minha prioridade.

Pedi conselho para um colega sobre qual material de estudo deveria utilizar, ele indicou uma apostila de uma editora bem conhecida nesses concursos para banco, então resolvi comprar a apostila indicada.

Passei os trinta dias de férias "em cima" dessa apostila. Li a apostila diversas vezes, estudava em torno de 8 horas por dia. Enquanto estudava, ainda ficava com o pensamento se teria valido a pena deixar de vender minhas férias e ganhar um dinheiro extra para fazer esse concurso. Ainda bem que valeu.

Em agosto de 2004, saiu o resultado, fiquei habilitado na classificação 245. Dessa vez, não fiz festa, pois estava receoso de não ser convocado. Pouco depois, fui conversar com um amigo que já era concursado da Caixa, e ele me disse que iria demorar um pouco, mas que, com certeza, seria chamado. Fiquei esperançoso.

Meu amigo tinha razão, demorou, mas fui chamado. Era maio de 2007, já morava em Floriano – PI, quando meu pai me ligou dizendo que havia chegado uma carta da Caixa me convocando para assumir o cargo. Fiquei muito feliz com a carta, pois ela simbolizava a vitória. Apesar da felicidade, não assumi o cargo, pois já estava trabalhando na Receita Federal, mesmo assim, essa aprovação foi fundamental na minha vida, foi graças a ela que criei coragem para enfrentar o mundo dos concursos públicos.

Entrando na Receita Federal (Tudo isso?)

No primeiro semestre de 2005, iniciei meu último período na faculdade, minha vida estava uma loucura. Como precisava terminar logo o curso, matriculei-me em todas as disciplinas que faltavam. Fiz ao mesmo tempo sete disciplinas, incluindo a de Monografia. Tudo isso trabalhando 8 horas por dia.

No emprego, continuava trabalhando pela mesma empresa e prestando serviço para a Oi. Iniciei o ano com uma boa perspectiva, nossa empresa iria participar de uma seleção para ficar responsável pelo arquivo de alguns Estados do Norte e Nordeste e, se ganhasse, eu já havia sido escalado para ficar responsável por esse novo projeto. Seria uma maravilha, iria me formar com chave de ouro.

Mas as coisas não aconteceram assim. Em maio do mesmo ano, tive a resposta da minha empresa de que iríamos perder a seleção Norte e Nordeste e pior, também iríamos perder o contrato com a Oi em Fortaleza, e eu seria demitido.

Fiquei arrasado! Pois tinha a mentalidade de que, quando eu me formasse na faculdade, as portas iriam se abrir, e tudo iria ficar melhor, mas como diz o ditado: *Há males que vêm para o bem.*

Esse era o cenário em que se encontrava minha vida quando vi um aluno da faculdade com um livro de Direito Constitucional nas mãos. Ele fazia comigo a disciplina de

Monografia, mas nunca havia falado com esse aluno. Fiquei curioso e perguntei se ele, além de cursar Administração de Empresa, também cursava Direito. Ele disse que não e que, na verdade, estudava para concurso público.

Então resolvi perguntar mais:

— Para qual concurso você está estudando?

— Analista do Banco Central.

— E qual o salário?

— Algo em torno de R$ 6.300,00

— Tudo isso?

— Isso mesmo, R$ 6.300,00, e existem cargos que os salários são melhores ainda, o de Auditor-Fiscal da Receita Federal, por exemplo, é de R$ 7.500,00. Pretendo passar logo que terminar a faculdade, você deveria fazer o mesmo.

O salário de Auditor-Fiscal da Receita Federal era simplesmente 10 vezes maior que o meu, pois ganhava exatos R$ 750,00 por mês.

Sem dúvida, apesar de curta, foi uma das conversas mais importantes da minha vida. Até então, para mim, concurso público se resumia a bancos e outros cargos de nível médio. Engraçado que, depois disso, nunca mais vi esse aluno, ele não tem nem ideia da importância que teve na minha vida. Tenho certeza de que, quando o vir, vou agradecer muito a ele.

Nesse momento, fiquei com duas opções, continuar trabalhando no mesmo local, sendo contratado pela empresa que ganhou o contrato, provavelmente com redução de salário ou largar tudo e arriscar no mundo dos concursos. Optei pela segunda.

Chegando a casa, comentei com meus pais sobre a minha decisão. De início, eles não foram favoráveis, pois achavam um risco muito grande, até mesmo porque eles não iriam ter como me bancar, pois já viviam em situação financeira bem apertada. Então expliquei que, com o dinheiro da rescisão contratual, poderia ficar seis meses sem trabalhar e que até lá provavelmente eu seria chamado para o concurso da Caixa. Assim consegui convencer meus pais, pois sabia que o apoio deles, nessa nova jornada, seria fundamental para minha aprovação.

Enquanto meus colegas de faculdade estavam todos empolgados com a formatura e a glamorosa festa, eu estava procurando um cursinho para concurso, claro que tinha que ser barato para caber no orçamento.

Lembro que a festa de formatura custava R$ 650,00, nesse mesmo período, achei um cursinho para concurso por R$ 600,00. Como não podia escolher os dois, não tive dúvidas, abri mão da festa e me escrevi no cursinho. Vários amigos me criticaram dizendo que formatura é só uma vez na vida, já o cursinho poderia fazer depois. Ainda bem que não dei ouvidos a eles.

Comecei a fazer o cursinho em setembro de 2005, resolvi focar o cargo de Técnico da Receita Federal – TRF (o atual Analista Tributário da Receita Federal do Brasil – ATRFB), pois o conteúdo de Auditor-Fiscal era muito mais extenso e eu tinha pouco tempo para estudar, afinal todos falavam que o edital estava próximo de sair.

Escolhi minha tia Ismênia para ser minha madrinha de formatura. Ela havia sido muito importante nessa jornada, pois, além de me ter dado um emprego, foi quem custeou todo meu ensino médio. Ela sempre me ajudou muito. Na noite da colação de grau, ela me presenteou com um envelope e dentro tinha R$ 200,00. Foi com esse dinheiro que comprei meu primeiro material de estudo.

Apesar de muito esforçado, era um concurseiro totalmente sem noção, com o dinheiro que minha tia deu, comprei uma apostila em dois volumes que preparava o aluno para o concurso de Técnico da Receita Federal de 2003. Pois é, no início, minha base de estudo para esse concurso foi apenas uma apostila e desatualizada em dois anos.

Estudava o dia todo em casa e, à noite, ia para o cursinho. Nessa época, já tinha um carro, um Fiat Uno 1994, mas, mesmo assim, ia de ônibus, pois tinha que economizar o máximo possível. Costumava chegar a casa só às 23h.

Com um tempo, formei um grupo de estudo com dois colegas, apenas com resolução de questões. Eles tinham um nível melhor que o meu, o que foi muito bom, pois, além de estarem sempre me dando dicas de materiais melhores, também havia o fato de eu querer estudar cada vez mais para acompanhar o ritmo deles.

Desse grupo, um não passou, apesar de ter atingido mais pontos que a gente, não conseguiu atingir o perfil em informática. As provas da Receita Federal e muitas outras cobram o perfil mínimo de questões por prova, por isso é importante estudar bem todas as matérias ou, como muitos dizem: "saber equilibrar os pratos".

Em novembro de 2005, a Escola de Administração Fazendária – Esaf, organizadora do concurso, abriu o edital para o concurso de TRF. Estava com apenas pouco mais de dois meses de estudos, mas sabia que tinha chance, pois a prova estava marcada para o início de fevereiro, ou seja, ainda tinha quase três meses pela frente.

Como resolvia muitos exercícios no grupo de estudo, acabei percebendo que muitas questões elaboradas pela Esaf eram retiradas diretamente da lei, então decidi mudar minha técnica de estudo. Passei a estudar menos em livros e a ler mais a lei seca, claro que sempre resolvendo muitos exercícios, acho que esse foi meu diferencial, dar maior atenção à lei seca. Evidente que não era uma leitura "burra" apenas de decoreba, era uma leitura atenta e com entendimento.

Fiz as provas nos dias 4 e 5 de fevereiro, e, pelo gabarito que conferi, não tinha gostado nem um pouco. Por isso resolvi voltar logo a trabalhar, afinal, no cálculo que eu havia feito, minha grana só iria durar seis meses e esse tempo, junto com minha grana, já estava acabando.

No final de fevereiro, falei com um amigo que também havia feito o mesmo concurso, ele perguntou minha nota e, quando eu disse, ele falou que eu iria passar. Disse que as pessoas estavam postando as notas em um fórum (até então não sabia nem que existia isso) e que, por esse fórum, dava para ter uma ideia da nota necessária para aprovação. Segundo meu amigo, eu já estava aprovado.

Fiquei alegre com minha classificação no fórum, mas, na verdade, achava que não iria passar.

41

No dia 8 de março, Dia Internacional da Mulher, saiu o resultado e lá estava meu nome, juro que li a lista umas dez vezes, pois, sinceramente não conseguia acreditar na minha aprovação. Fui aprovado em 37º no total de 52 vagas. Fiquei tão eufórico que fui falar com a minha chefe sobre minha aprovação e disse que iria para casa, pois não tinha mais nenhuma condição de continuar trabalhando naquele dia.

Peguei o ônibus direto para casa e, no meio do caminho, tocou a música Mais uma Vez cantada pelo Renato Russo. Aquela música caiu como uma luva, conseguia expressar com exatidão o que estava sentindo naquele momento. Lembro que me marcaram muito os seguintes trechos: *"Nunca deixe que lhe digam que não vale a pena acreditar no sonho que se tem ou que seus planos nunca vão dar certo, ou que você nunca vai ser alguém"*; *"Quem acredita sempre alcança! Quem acredita sempre alcança! Quem acredita sempre alcança".*

Foi uma emoção muito grande, dessas que acontecem poucas vezes, até então a maior felicidade na minha vida.

Chegando a Floriano – PI e a volta aos estudos

Tomei posse no cargo de Técnico da Receita Federal – TRF no dia 29 de junho de 2006. Fiquei lotado em Floriano no Piauí, uma cidade à margem do Rio Parnaíba, que fica a 250 km da capital Teresina e que é carinhosamente conhecida como Princesa do Sul.

Floriano é uma cidade que possui em torno de sessenta mil habitantes. Apesar de pequena, é uma das maiores cidade do Piauí em termos econômicos. Por isso, possui uma boa importância para o Estado.

De início, levei um tempo para encontrar um local legal para ficar. Passei um mês morando em hotel, até que, eu e mais três colegas, sendo dois da Receita e um da Polícia Rodoviária Federal, combinamos de alugar uma casa e morarmos todos juntos. A casa virou um espécie de república. Isso ajudou muito a adaptação na cidade e ainda tinha uma grande vantagem, morava a três quadras do trabalho, ia trabalhar a pé, sinceramente, acho que nunca mais terei esse privilégio.

Apesar de ter em mente a vontade de passar em outro concurso, no começo, resolvi não estudar, pois precisava e também merecia relaxar um pouco. Aproveitei esse período para aprender melhor minha atividade no trabalho e para conhecer a cidade e seus habitantes.

Aprendi a gostar de Floriano e do Piauí, fiz grandes amigos por lá, falo para todos que é minha segunda terra natal.

Em abril de 2007, nove meses depois de ter tomado posse, decidi voltar a estudar, mas ainda não tinha escolhido para qual área iria focar, então fiquei estudando apenas as matérias mais gerais como: Português, Raciocínio Lógico, Direito Constitucional e Direito Administrativo.

Em julho de 2007, o Cespe publicou o edital para concurso de Analista do Tribunal de Contas da União – TCU (atual Auditor Federal de Controle Externo). A remuneração era muito boa, quase o dobro da que recebia na época, mas não sabia nada sobre esse órgão, então fui me informar. Descobri que era um ótimo local para se trabalhar e que também tinha uma vantagem, o TCU havia aprovado uma sequência de concursos anuais e, além disso, também estava previsto o concurso da Controladoria Geral da União – CGU que possuía o conteúdo bem semelhante.

A abertura do edital do TCU era o que eu precisava para ter um foco nos estudos, pois, a partir dele, resolvi estudar para a área de controladoria com os olhos no TCU e na CGU. Existiam muitas disciplinas diferentes das que havia estudado para a Receita, mas eu estava disposto a encarar essa jornada.

Resolvi me inscrever no concurso do TCU mesmo sabendo que não tinha a mínima chance, já que a prova estava marcada para setembro de 2007, dois meses depois. Meu objetivo era ganhar apenas experiência, pois meus olhos estavam voltados para os próximos concursos. Falava para todo mundo que 2007 seria para aprender, 2008 para concorrer, e, se não desse certo, 2009 para vencer. Assim eram meus planos.

Como não poderia fazer a prova nem em Teresina nem em Fortaleza, viajei para Belém do Pará, aproveitei a oportunidade para fazer turismo e conhecer a cidade. A prova, como era de se esperar, estava muito difícil, era do tipo uma errada anula uma certa. Por conta disso, muitos candidatos foram eliminados sem fazer nem mesmo o mínimo, mas fiquei contente com meu desempenho, pois consegui atingir o perfil mínimo e não fui eliminado. Era o que eu precisava para continuar firme nos estudos.

Em janeiro de 2008, a Escola de Administração Fazendária – Esaf, publicou o edital para o concurso da CGU, agora era diferente, estava com um bom ritmo de estudos e tinha real chance de aprovação. Como não tinha onde ficar em Teresina, resolvi me inscrever para fazer a prova em Fortaleza.

Nesse período, tinha criado o hábito de acordar cedo e começar a estudar, estudava das 6h às 7h30min. Como morava próximo do trabalho, ainda dava tempo de tomar café e chegar no horário. Voltava a estudar à noite, estudava mais umas quatro horas, no total, davam umas 5 horas e meia, de segunda a sexta, pois, no sábado, dava uma estudada a mais. No domingo, não estudava, preferia tirar para o lazer.

Nessa época, também criei o hábito de fazer resumos. Fiz um caderno com folha de papel A4 e dividi por disciplinas. Fazia resumos de todas as matérias, não era nada grande demais, eram resumidos mesmo, apenas com os temas mais importantes, pois só fazia o resumo quando estava estudando a matéria pela segunda vez, assim sabia o que realmente era importante para anotar.

Inicialmente, a prova estava marcada para os dias 08 e 09 de março, mas, para minha infelicidade, foi alterada para os dias 22 e 23 de março. Falo isso porque, no dia 12, numa quarta-feira à noite, comecei a sentir um mal-estar. Estava estudando contabilidade, uma das matérias de que mais gosto. Era por volta das 21h30min quando senti uma moleza no corpo acompanhada de uma dor na cabeça. Era algo fora do normal, mas, como estava a dez dias da prova, não queria ceder, então lutei contra meu corpo e ainda estudei até as 23h, meu horário normal de estudo.

Quando acordei, vi que não tinha sido apenas um mal--estar, pois estava muito pior, então fui direto ao médico para me consultar. Ele passou uns exames de sangue e quando viu o resultado, disse que era dengue. Falei para ele do meu diagnóstico de Von Willebrand, ele disse que era melhor eu ir para Fortaleza, pois, se fosse a dengue hemorrágica, minha situação poderia se agravar. Assim eu fiz, peguei o primeiro ônibus para Fortaleza, ainda tive que enfrentar 13 horas de viagem com toda aquela dor no corpo. Foi uma das piores viagens que já fiz.

No dia 13, chegando à Fortaleza, fui direto ao médico, que pediu para refazer os exames e, com o resultado em mãos, disse que não era dengue hemorrágica e que eu não me preocupasse que, em duas semanas, ficaria bom. Aí foi que me preocupei, pois era um balde de água fria sobre minha preparação para a prova. Um dos sintomas que mais me afetava era a dor nos olhos, e isso me impossibilitou totalmente de estudar, pois não conseguia ler nada, nem mesmo meus resumos.

No dia da prova, ainda estava um pouco debilitado e tive que tomar remédio para aguentar fazê-la. Foi uma prova ruim para mim, pois, além de não estar bem fisicamente, percebi, no decorrer do teste, que a ausência de revisão das duas últimas semanas estava fazendo falta. De certa forma, havia perdido o ritmo.

Quando saiu o gabarito e fui analisar a prova com calma, percebi que havia pelo menos três questões que eu tinha errado e que estavam anotadas no meu resumo. Fiquei com muita raiva, pois, se eu tivesse condições de pelo menos ler meus resumos, a história desse concurso seria outra.

No final das contas, ainda tive minha prova discursiva corrigida e fui habilitado, não tenho certeza, mas acho que fiquei classificado em 146° e chamaram até o 133°, faltou muito pouco para eu ser nomeado.

Por um bom tempo, fiquei me lamentando, dizendo que não passei por conta da dengue, pois, além de perder os dez últimos dias de revisão, ainda fui fazer a prova ruim. Mas depois percebi que cometi um grande erro, não me preparei como deveria para a prova discursiva, fiz apenas 62 pontos em uma prova que valia 90, uma nota mediana se comparada com a dos demais candidatos que entraram nas vagas.

Fica a dica para aqueles que pretendem fazer concurso que contém prova discursiva, é fundamental se preparar antes da publicação do edital.

Aprendendo com as derrotas

Na trajetória de qualquer pessoa, por mais vencedora que seja, também existirão insucessos. A diferença entre o perdedor e o vencedor é que este consegue levantar a cabeça e seguir adiante.

As derrotas sempre trazem um sentimento ruim, mas, sem dúvida, com o passar do tempo, também podem trazer algo bom e, para isso acontecer, basta querer.

Claro que todo mundo tem o direito de ficar abatido quando não consegue atingir seu objetivo, mas isso só pode durar por um tempo, pois depois se deve parar para analisar todo o processo e ver onde estão os erros e onde se pode melhorar. Isso vale para qualquer atividade na vida.

Sobre isso tem a música Tente Outra Vez, cantada pelo Raul Seixas, que expressa bem esse sentimento, toda a sua letra é pura motivação e inspiração. Sempre disse que essa música é o verdadeiro hino dos concurseiros.

O comparsa dos bandidos

Como minha família e a Cris moravam em Fortaleza, fiquei indo para lá a cada três semanas, ou menos. Tive sorte de comumente ir fazer treinamentos em Fortaleza, assim unia o útil ao agradável. Quando ia a minha terrinha por conta própria, ia de ônibus, pois era mais barato, mas, em compensação, a viagem era muito cansativa, demorava em torno de 13 horas.

Sempre soube que a linha de ônibus Floriano-Fortaleza-Floriano era perigosa e que constantemente era assaltada, mas nunca dei importância, pois achava que tal fato não aconteceria comigo.

Certa vez estava em Fortaleza e chamei a Cris (até então minha noiva) para passar uma semana comigo em Floriano e ela aceitou. Então pegamos o ônibus com destino a Floriano por volta de 20h da noite. Durante a viagem, por cerca das 2h da madrugada, o motorista parou o ônibus, a estrada estava interditada pelos assaltantes, que gritaram de fora do ônibus:

– Abre a porta motorista, é um assalto.

Quando ouvi essa frase imediatamente acordei a Cris e falei para ela:

– Nós vamos ser assaltados, não se mexa, não olhe e não fale nada com os assaltantes que vamos sair dessa sem problemas.

Os assaltantes entraram no ônibus e anunciaram o assalto, disseram que estavam lá para levar a carga que estava sendo transportada e que iriam aproveitar para fazer o "rapa" nos passageiros.

Um dos bandidos pegou uma sacola grande amarela e colocou no final do ônibus, disse que todos deveriam colocar dentro da sacola todo o dinheiro que tivessem e também os celulares. Quando ouvi isso, fiz algo que não aconselho ninguém a fazer, nem eu mesmo faria novamente. Escondi meu celular e mais R$ 50,00, depois peguei o celular da Cris que era mais velho do que o meu e peguei minha carteira, então mostrei os dois para um dos assaltantes e perguntei:

– Posso entregar somente o celular e o dinheiro e ficar com minha carteira?

Ele respondeu que sim. Assim eu o fiz, coloquei o celular na sacola e todo o dinheiro que havia na carteira (exceto os R$ 50,00 que já havia escondido) e fui me sentar.

Pouco tempo depois, o assaltante apontou o revolver para mim quase na minha cara e disse:

– Ei, tu, recolhe lá a sacola com o pessoal, por favor.

O curioso é que ele apontou o revólver para mim e pediu por favor ao mesmo tempo, dá para acreditar? Acho que ele fez isso porque percebeu que eu estava muito tranquilo, e realmente, até então estava.

Bem, como missão dada é missão cumprida, fui lá recolher a sacola, mas, nesse instante, todos que haviam entregue as bolsas e as carteiras, queriam pegá-las de volta e deixar apenas o dinheiro, queriam fazer o mesmo que eu fiz. Por conta disso, ficou uma bagunça em volta da sacola, então aproveitei a confusão e voltei para meu lugar. Pouco tempo depois, mais uma vez apontando o revólver para mim, o assaltante disse a mesma frase:

– Ei, tu, recolhe lá novamente, por favor.

Mais uma vez fui lá, só que agora peguei a sacola com os celulares e o dinheiro de todos e entreguei na mão do assaltante.

Quando voltei para minha cadeira, ainda estava tranquilo, mas a Cris estava em estado de choque. Ela se tremia tanto que seus dentes batiam um no outro fazendo um barulho bem alto. Então a abracei para tentar tranquilizá-la, mas o efeito não foi o desejado. Aquele nervosismo da Cris passou para mim e, em pouco tempo, também estava me tremendo igual a ela. Nós estávamos tremendo mais que vara verde de bambu. A tremedeira foi tanta que o próprio assaltante pegou no meu ombro e disse que eu poderia me acalmar que eles já estavam indo embora.

Os assaltantes levaram a chave do ônibus e nós ficamos parados no meio do nada até que a polícia chegasse às 6h da manhã com um mecânico para ligar novamente o coletivo. O assalto ocorreu quase na divisa com o Piauí, mas, como ainda era território do Ceará, tivemos que voltar para fazer o Boletim de Ocorrência – BO na delegacia mais próxima, que ficava na cidade de Tauá.

Nesse dia, constatei que aquele ditado que diz que o brasileiro faz piada de tudo, é pura verdade, pois, quando voltamos para fazer o BO, o clima dentro do ônibus estava tão animado que parecia que estávamos vindo de uma festa e não de um assalto. Estavam todos com o sorriso no rosto contando de forma descontraída o que viram do roubo.

O ônibus estava lotado e, por incrível que pareça, eu fui o único que fui louco de esconder dinheiro. Como estávamos todos com fome, e eu era o único com dinheiro, resolvi chamar a turma para comer, o dinheiro deu para pagar um pão francês com café para todos. Apesar de ter sido uma loucura o que fiz de esconder dinheiro, fiquei feliz, pois foi melhor pagar o lanche para os passageiros do que dar para os bandidos.

O lanche foi muito descontraído e, no final, ainda virei motivo de piada, todos brincavam comigo dizendo que eu era comparsa dos bandidos, pois fiz o recolhimento da sacola e fui o único que fiquei com o celular e dinheiro. Segundo eles, não podia ter outra explicação que não fosse a de ser comparsa dos bandidos.

A descoberta do câncer

Em abril de 2008, pouco tempo depois da prova da CGU, foi publicado o edital para o TCU, e fiquei todo empolgado, pois acreditava que tinha grande chance de ser aprovado.

Como percebi que estava no caminho certo, utilizei a mesma metodologia de estudo que havia aplicado para a CGU. Estudava pela manhã, antes de ir ao trabalho, e pela noite, depois do trabalho, e, além disso, dei uma atenção maior para a prova discursiva.

Estava com um bom ritmo de estudo, até que, em maio, começou a aparecer uma dor estranha no final da coluna, no cóccix. Bastava ficar sentado um pouco e, quando eu levantava, sentia essa dor. Inicialmente marquei consulta com um ortopedista em Floriano mesmo, ele passou alguns remédios, mas não melhorei em nada.

Com o tempo, passei também a sentir dores no reto, a essa altura já estava quase sem estudar, pois, quando chegava a casa, ia logo me deitar, já que passava o dia sentado no trabalho.

Com a evolução das dores, resolvi ir a Fortaleza para poder fazer um melhor acompanhamento médico. Em Fortaleza, depois de alguns exames, foi detectado que havia alguma anomalia no reto, mas não tinha como saber o que era ao certo. Havia a possibilidade de ser uma coleção líquida, provavelmente de sangue ou pus, mas a certeza só poderia ser constatada com um procedimento cirúrgico.

Devido à doença de Von Willebrand, tive que me consultar no Centro Hematológico do Ceará – Hemoce. Antes de marcar a cirurgia, lá foi feito o cálculo da quantidade de Fator de Von Willebrand (substância de aplicação intravenosa utilizada na coagulação de sangue para o meu tipo de deficiência). De acordo com os cálculos, deveria utilizar a substância uma hora antes da cirurgia e durante os dez dias posteriores.

Não cheguei nem a fazer as provas do TCU, pois, além de não estar mais estudando, não tinha como suportar as dores de ficar sentado fazendo a prova. O concurso foi marcado para os dias 2 e 3 de agosto, antes da minha cirurgia, que foi marcada para o dia 4 de agosto. Mais uma vez deixava meu sonho de lado por motivos de saúde.

Feita a cirurgia, o médico disse que não havia nada líquido, mas sim sólido, um tumor de 4,5cm, e, por conta disso, enviou o material para a biopsia. Perguntei a ele se podia ser algo sério, mas ele disse que só poderia falar quando tivesse o laudo da biopsia e que eu ficasse tranquilo que não ia ser nada. Para minha tristeza, o resultado só sairia uns 20 dias depois, uma longa espera de aflição.

Tive uma recuperação bem difícil, mesmo tomando o Fator de Von Willebrand, havia um sangramento constante. O médico disse que o normal era fazer a cirurgia em um dia e no outro ser liberado para se recuperar em casa, mas meu caso era diferente, fiquei internado no hospital por cinco dias e ainda tive que sair de lá em uma cadeira de rodas, pois não conseguia sequer andar.

Quando cheguei a casa, ainda era necessário ser aplicado o Fator e tive a sorte de uma amiga da minha mãe ter se oferecido para fazer o procedimento. Ela era uma ótima pessoa, já era bem conhecida pela comunidade por fazer esse tipo de serviço de enfermagem e sempre de forma gratuita. Ela ia para minha casa, aplicar a substância, duas vezes por dia, pela manhã e pela tarde e ainda levava algum lanche fresquinho para mim. Ela foi fundamental na minha recuperação. Infelizmente, meses depois, veio a falecer, vítima de um aneurisma cerebral. Foi uma enorme perda para toda a comunidade.

Quando saiu o resultado da biopsia, eu e a Cris fomos imediatamente mostrar para o médico. Como ainda estava me recuperando da cirurgia, pedi para meu pai nos deixar lá. Entramos no consultório eu e a Cris, entreguei o resultado da biopsia para o médico e ele logo percebeu que se tratava de um câncer, mas tentou eufemizar a situação dizendo que era um tumor maligno, então perguntei:

– Doutor, tumor maligno é o mesmo que câncer?

Ele tentou desconversar e não respondeu, então fui mais direto:

– É um câncer?

Ele baixou a cabeça com uma aparência desanimada e disse:

– Sim, é um câncer.

Esse "sim" soava como se fosse apertado o gatilho de um revólver que estava apontado para minha cabeça. Em questão de segundos, passei por um turbilhão de sentimentos e, quando olho para o lado, vejo a Cris debulhando-se em lágrimas. Nesse momento, procurei o chão para me apoiar, mas vi que ele não estava lá.

Diante daquela situação, percebi que não poderia me deixa abater, pois a Cris estava precisando de mim. Naquele momento, passei toda força e segurança para ela, talvez fosse uma força e uma segurança "inventada", pois, na verdade, não tinha esses sentimentos.

Depois de conseguir acalmar a Cris, fiquei muito preocupado com a reação do meu pai que estava esperando do lado de fora do consultório, pois, junto com minha mãe, ele também estava passando por um momento difícil, já que minha irmã apresentava alguns problemas de saúde, e os médicos suspeitavam que pudesse ser linfoma, um tipo de câncer (suspeita que graças a Deus não se confirmou). Por conta disso, tirei forças não sei de onde e pedi para o médico ir falar com meu pai e dizer que estava tudo bem comigo, assim ele o fez.

Chegando a casa, fui direto para o quarto e comecei a chorar, estava precisando disso para poder me sentir melhor. Depois que me acalmei mais, chamei minha mãe no quarto e contei tudo para ela, pedi que não contasse para meu pai nem para meus irmãos, não queria vê-los sofrendo por mim. Neste momento, ouvi as sábias palavras da minha mãe, que disse que eu já estava carregando um peso muito grande nas costas para ter que me preocupar com isso e que todos deveriam saber para também poderem me ajudar. Assim se deu o início da minha luta contra o câncer.

Meu cirurgião me encaminhou para um oncologista que atende no Instituto do Câncer do Ceará – ICC, mas, quando tentei marcar, vi que sua agenda estava lotada, só tinha consulta disponível para um mês depois. Por sorte, minha mãe tinha uma amiga que era atendente do médico, e ela conseguiu antecipar a consulta para a semana seguinte.

Esse foi um período muito difícil, era a semana da incerteza, pois estava repleto de dúvidas para tirar com o oncologista. Foram sete dias de pessimismo e de pensamentos negativos. Ainda bem que essa fase durou pouco, pois foi logo no sábado seguinte a essa semana que assisti ao quadro Lar Doce Lar que falei no início deste livro.

Quando fui ao oncologista, ele explicou que tive um Tumor Estromal Gastrointestinal, ou em inglês "Gastrointestinal Stromal Tumor" conhecido como GIST (da sigla em inglês) é um tumor raro do trato gastrointestinal (estômago e intestinos), responsável por apenas 4% do total de tumores nesses órgãos. Disse também que, além de o tumor ser raro, apenas 5% deles ocorrem no reto e geralmente só ocorrem em pessoas com mais de 50 anos de idade. Ele resumiu dizendo que foi um tumor raro em um local raro com uma idade rara.

Depois de o médico apresentar as estatísticas da doença, deu mais duas notícias, a primeira foi muito boa, o médico disse que, como a retirada do tumor foi total, eu poderia estar curado, não iria precisar nem de quimioterapia. A segunda foi ruim, o médico disse que o tumor havia sido classificado como de alta malignidade e, por conta disso, teria que fazer um acompanhamento muito próximo. Esse acompanhamento incluía uma bateria de exames que deveria ser feita em períodos curtos de três em três meses.

Fiz a primeira bateria de exames no final de agosto, sendo realizados exames de sangue, ressonância magnética da pelve e do abdômen, retossigmoilde, raio-x do tórax, endoscopia, colonoscopia e outros. Alguns desses exames eram bem sofridos de fazer, mas não podia abrir mão deles, pois eram importantes para a revisão.

Foi exame que não acabava mais, e, para minha sorte, todos deram normais. A esperança de estar curado foi aflorada.

Diante dos resultados, foi marcada uma nova revisão para novembro de 2008.

A segunda cirurgia

Era novembro de 2008, já estava recuperado da cirurgia, mas, mesmo assim, ainda sentia muitas dores, o que não tinha explicação já que todos os exames feitos em agosto deram normais. Mesmo assim, os médicos diziam que a chance de eu estar curado era boa, mas tinha que refazer todos os exames para poder avaliar melhor. Então refiz os exames, todos deram normais. Ficou faltando apenas um e justamente o que me dava mais medo.

Pedi para que a esposa de um primo pegasse o resultado para mim, pois ela trabalhava na clínica onde fiz o exame. Nesse período, eu e Cris (já minha esposa) morávamos em Floriano – PI, mas estávamos passando um tempo na casa dos meus pais, em Fortaleza – Ce, por conta do tratamento. A esposa do meu primo chegou com os exames na casa dos meus pais pela noite, que estava cheia de amigos e familiares. Resolvi abrir o resultado ali mesmo na frente de todos, e tive uma infeliz notícia, o resultado constatava mais um tumor e o laudo da médica dizia que era sugestivo de neoplasia maligna, o temido câncer. Tentei manter as aparências para não preocupar meus familiares, mas não dava, minha tristeza estava estampada no meu olhar.

Eu e a Cris fomos para o quarto, a Cris chorou muito, e eu fiquei tão abatido com a notícia que sequer consegui chorar, foi uma noite longa, durante a qual passaram pela cabeça diversos pensamentos, bons e ruins, praticamente não dormi nessa noite. Não sei que dia isso aconteceu, acho que na segunda, mas sei que passei a semana toda abatido. Claro que fiz de tudo para que ninguém percebesse, pois não queria ninguém abalado por minha causa.

Quando fui mostrar o resultado para meu cirurgião, ele disse que tinha que operar novamente. Para mim, essa notícia não era novidade, pois, desde o resultado, já vinha me preparando psicologicamente para enfrentar uma nova cirurgia que foi marcada para três semanas depois.

Felizmente, nessas três semanas de espera, tive uma boa notícia, foi concedido meu pedido de remoção para Fortaleza. Na verdade, uma ótima notícia, pois assim tinha mais tranquilidade para continuar o tratamento.

Até então, continuava mantendo toda a estrutura de moradia montada em Floriano, pois tinha medo de não conseguir a remoção. Neste período, continuava pagando aluguel do apartamento, água, luz, internet, tudo sem usufruir de nada, inclusive o carro que deixei guardado no trabalho.

Com a notícia da remoção, pedi para que meu pai e a Cris fossem a Floriano para trazer o carro e entregar o apartamento. Falei para a Cris que fosse e voltasse o mais rápido possível, pois estava um pouco fragilizado e não queria ficar muito tempo sem ela ao meu lado.

Assim eles fizeram, foram a Teresina de avião, chegando lá, pegaram um ônibus para Floriano. Chegaram ao meio-dia e, em uma tarde, conseguiram resolver tudo. Venderam alguns móveis, deram outros e colocaram o que restou no carro. Na manhã seguinte, já estavam encarando os 750 km em direção a Fortaleza. Para minha felicidade, conseguiram chegar a casa às 15h.

Uma semana antes da cirurgia, ainda tive outro motivo para comemorar, meus pais estavam completando 25 anos de casados, com direito à missa e a uma modesta festa. Lembro que, na festa, fui abordado por várias pessoas perguntando sobre minha situação, eu explicava que ia me operar novamente na semana seguinte. Nesse momento, percebia que as pessoas ficavam cabisbaixas com uma tristeza no olhar, mas logo eu sacava alguma piada para alegrar o ambiente e mostrar que estava bem e realmente eu estava. Estava pronto para encarar mais uma cirurgia.

Antes da cirurgia, precisei ir ao Hemoce para autorizar a liberação do Fator de Von Willebrand. Chegando lá, a enfermeira perguntou quem iria aplicar a substância quando eu voltasse para casa, e eu disse que ainda não sabia, pois a pessoa que aplicou da primeira vez havia falecido. Então a enfermeira deu a ideia de ser a Cris, que ficou nervosa e disse que não sabia fazer isso. A enfermeira disse que ela poderia treinar em um braço de borracha. Assim a Cris o fez, aplicou a agulha no braço de borracha por uma vez, e, logo depois, a enfermeira disse que tentasse em mim, eu aceitei. A Cris titubeou um pouco, mas aceitou e assim conseguiu acessar minha veia. Agora a Cris, além de minha esposa, era também minha enfermeira.

A cirurgia foi marcada para o dia 15 de dezembro de 2008, numa segunda-feira pela manhã. No momento de ir para a sala de cirurgia, repeti o mesmo ritual da primeira, retirei minha aliança, beijei-a e, sem falar nada, entreguei-a a Cris. Ela também não falou nada, mas tenho certeza de que entendeu minha mensagem.

Fiquei internado no hospital por sete dias. Como já era de se esperar, no início foi complicado, pois minha recuperação é muito lenta. O lado bom é que, quando ia para o apartamento do hospital, era muito bem recebido, as enfermeiras faziam uma festa ao me ver, já era conhecido delas. Acho que fiquei famoso no hospital por conta do Von Willebrand e da aplicação do Fator, fato raro para a rotina de lá.

Tive alta no dia 21 de dezembro e, no mesmo dia, a Cris já teve que aplicar o Fator em mim. Ela estava muito tensa, tremia mais que paciente com mal de Parkinson. Para piorar a situação, perdeu a veia na primeira furada e logo depois começou a chorar, pois não tinha coragem de me furar novamente. Foi quando eu disse que ficasse calma e que eu confiava nela. Assim ela teve coragem de tentar mais uma vez e deu certo. Foi a primeira de muitas aplicações que ela teve que fazer em mim.

No dia 24 de dezembro, véspera do Natal, ainda estava me locomovendo com dificuldade. Por conta disso, resolvemos unir a família da Cris e a minha em uma única comemoração na casa dos meus pais, o que aconteceu por conta do meu problema, mas depois virou uma tradição. De lá para cá, eu e a Cris sempre unimos nossas famílias para comemorar o Natal na nossa casa.

Resultado da biopsia e mais uma volta aos estudos

No início de janeiro de 2009, saiu o resultado da biopsia e, para minha felicidade, era apenas um lipoma, um tumor benigno de gordura. Foi uma festa para toda a família. Esse diagnóstico reforçou a possibilidade de eu estar curado.

Agora tinha tudo para me aquietar nos estudos, havia superado um câncer e já estava trabalhando na minha cidade, Fortaleza, um sonho para muitos colegas. Mesmo assim, a vontade de passar em outro concurso sempre prevaleceu. Então resolvi voltar a estudar, mas, como o concurso do TCU estava muito próximo de sair, resolvi mudar o foco e direcionar meus estudos para o cargo de Auditor-Fiscal da Receita Federal do Brasil – AFRFB, que estava previsto para o final do ano.

De início, a Cris e meus pais foram contra os meus estudos. Eles diziam que eu já tinha um bom emprego e que deveria me preocupar mais com a saúde, mas, quando perceberam o quanto era importante para mim ser aprovado em outro cargo, eles passaram a me apoiar.

Apesar de ainda sentir dores no cóccix, passei a estudar em média 4 horas por dia, uma no intervalo do almoço, e outras três depois que chegava do trabalho. Costumava chegar a casa às 18h, comia algo e tirava um cochilo de 30 minutos. Assim começava a estudar às 19h e ia até às 22h. Nesse período, a

Cris também começou a estudar para concurso, ela estudava em casa durante o dia e a noite ia para o cursinho.

Com um tempo, seguir essa rotina de estudo foi ficando cada vez mais difícil, pois as dores do cóccix só pioravam. O intervalo no trabalho que antes tirava para estudar agora era direcionado para o tratamento das dores, ficava alternando entre fisioterapia e acupuntura. Nesse período, passei a usar aquelas almofadas de ar com um furo no meio, diminuíam significativamente as dores. Ao todo, tinha três delas, uma para o carro, uma para casa e uma para o trabalho. Tudo isso era apenas paliativo, pois existia algum motivo para tantas dores, mas os médicos não conseguiam descobrir.

Mesmo diante das dificuldades, continuei estudando. No dia 18 de setembro de 2009, a Esaf publicou o edital do concurso de AFRFB. Fiquei todo empolgado, pois, apesar de ter muitas novidades em relação ao edital passado (como Auditoria, Direito Civil, Direito Penal e Direito Comercial), não tinha nenhuma disciplina que fosse novidade para mim, já que todas as novas disciplinas eu já havia estudado quando me preparava para a área de controladoria (CGU e TCU). Cheguei a comentar com alguns amigos que esse era meu concurso e que eu tinha tudo para passar. Engano meu.

Minha empolgação não durou muito, pois uma semana depois de publicado o edital, tive mais uma triste notícia. Foi detectado, através de uma ressonância magnética, que havia um outro tumor, não no mesmo lugar, mas numa região bem próxima. Era mais um balde de água fria nos meus estudos e principalmente na esperança que tinha de estar curado.

Exame em São Paulo e a prova da Receita

Como da última vez tinha sido retirado apenas um lipoma, os médicos foram mais cautelosos. Levaram em consideração o fato da existência do Von Willebrand e da difícil recuperação cirúrgica e, depois de mais alguns exames, e de idas e vindas a médicos de diversas especialidades, recomendaram que eu fosse fazer um exame mais moderno em São Paulo, o PET/CT. Na época, ainda não existia esse exame em Fortaleza.

O PET/CT é um exame feito em um equipamento que une os recursos diagnósticos da Medicina Nuclear (PET – Tomografia por emissão de pósitrons) e da Radiologia (CT – Tomografia computadorizada). O equipamento sobrepõe as imagens metabólicas (PET) às imagens anatômicas (CT), produzindo assim um terceiro tipo de imagem. Em tese, esse exame é capaz de diagnosticar se o tumor é maligno sem ter a necessidade da intervenção cirúrgica.

Na época, esse exame era considerado de alto custo e o plano de saúde não cobria, por isso, tive que fazê-lo particular. Foi uma grana alta, principalmente se somada com as despesas de viagem, m ; tinha de ser feito.

Seguindo a orientação dos médicos, eu e a Cris viajamos a São Paulo. Fomos no dia 23 de novembro e voltamos no dia 25, apenas o tempo necessário para fazer o exame. Lá ficamos hospedados na casa de uma prima. O exame foi marcado para o dia 24 no

Hospital Sírio-Libanês, uma referência em oncologia na América Latina. Fiquei impressionado com a imensidão do hospital, nunca tinha visto nada igual. Até hoje, quando aparece esse hospital na televisão, brinco com meus amigos dizendo que ele é só para celebridades e pessoas importantes como eu.

No dia 25, assim que chegamos a nossa casa em Fortaleza, liguei logo o computador, pois haviam dito, no Hospital Sírio--Libanês, que o resultado sairia após um dia. E, de fato, saiu, mas o laudo do resultado era tão técnico que não entendemos nada. Ficamos muito aflitos, assim resolvi ligar para meu oncologista para pedir que ele "traduzisse" o resultado, mas ele não pôde atender. A aflição só aumentou, então liguei para meu cirurgião e, dessa vez, foi diferente, ele atendeu. Li todo o resultado, e ele logo começou a vibrar e disse que eu poderia comemorar, pois não tinha dado nada. Eu e a Cris nos abraçamos muito, foi uma junção de alívio, felicidade e agradecimento a Deus pelo resultado. Nesse momento, também agradeci muito a Deus por ter alguém especial ao meu lado para poder dividir tanto os momentos tristes quanto os momentos alegres.

Graças à boa notícia, tive um ótimo Natal. Mais uma vez, eu e a Cris reunimos os familiares em nossa casa. Nesse ano, gravei um vídeo para abrir o festejo natalino. Todos gostaram muito, tanto que virou tradição. Desde então, todos os Natais gravo algum vídeo engraçado para os convidados.

Todo esse vai e vem de médicos e exames durou em torno de dois meses. Nesse período, até tentei estudar, inclusive fiz a prova de AFRFB 2009, mas a falta de concentração por conta da ansiedade e da preocupação pesaram mais que a vontade de passar no concurso.

Lua de mel no hospital
(Terceira cirurgia)

Apesar de feliz pelo resultado do exame em São Paulo, iniciei 2010 da mesma forma que terminei 2009, com muitas dores e elas só pioravam. Por conta disso, mais uma vez tive que desistir do meu sonho de passar em outro concurso, pois não tinha o menor clima para estudar naquela situação.

Passei a me tratar com uma médica especialista em dor, que me prescrevia vários tipos de remédios, cada um mais forte que o outro, e que serviam para amenizar a dor, pois, mesmo com eles, continuava sofrendo. Além disso, fui para diversos médicos na esperança de que algum descobrisse o motivo das dores, mas nada era descoberto.

Com o tempo, os médicos passaram a dizer que era um problema psicológico, pois os resultados dos exames eram normais, não tinha nada que justificasse tantas dores. Lembro que um médico disse para mim e para Cris uma vez:

– Thales, você teve um câncer, e isso está te preocupando muito, não há nada que justifique essas dores, por isso aconselho que você vá a um psicólogo para ser acompanhado. Aconselho que sua esposa vá também, pois percebo que ela também está muito tensa.

Apesar de ter ouvido frases semelhantes de outros médicos, não dei ouvidos, pois sempre tive uma boa percepção corporal e tinha certeza de que meu problema era físico. Chegava a descrever com riqueza de detalhes para os médicos como era a dor, inclusive dizia o local exato de onde ela irradiava, mas acho que essa minha precisão toda só reforçava a opinião dos médicos de que meu problema era psicológico.

Mesmo sentindo muitas dores, sempre fiz questão de ir trabalhar, pois era um ótimo ambiente, fazia com que eu esquecesse um pouco dos problemas, mas, mesmo assim, às vezes, tinha que apresentar atestado médico por não aguentar ficar sentado. Algumas vezes, durante o trabalho, tive que ir para o departamento médico ficar deitado na cama de lá, esperando que os remédios fizessem efeito para eu conseguir voltar a trabalhar. Ainda bem que tive ótimos colegas que sempre compreenderam o momento complicado pelo qual eu estava passando.

Passei a ter dificuldades para exercer atividades simples do dia a dia que necessitassem de algum tipo de agachamento ou de levantar um pouco de peso. Com o tempo, pedia para a Cris calçar meu sapato para eu poder ir trabalhar. Nesse período, passei a me sentir mal por não ajudar em nada em casa, ficava incomodado por ver a Cris carregando as sacolas de supermercado enquanto eu só olhava.

Em abril, eu e a Cris resolvemos marcar nosso casamento no religioso, pois éramos casados apenas no civil. Marcamos para o dia 12 de junho, tinha a esperança de que, nesses dois meses que antecedia a data do casamento, eu estivesse sem dores, mas isso não aconteceu.

Dias antes da cerimônia, estava com dores insuportáveis, por isso comecei a pressionar meu cirurgião para que fosse feito alguma coisa. Então ele propôs fazer uma nova cirurgia para tentar diminuir as dores. Aceitei na hora. De início, seria marcada para o dia 29 de maio, mas fiquei receoso de não me recuperar a tempo, por isso resolvi suportar mais duas semanas até o casamento.

De fato, o casamento foi realizado no dia 12 de junho, Dia dos Namorados, foi num sábado pela manhã, não fizemos festa, apenas uma cerimônia simples, porém muito bonita. Mal pude curtir os louros do casamento, pois a cirurgia foi marcada para o dia 14 de junho, apenas dois dias após a cerimônia. Nunca desejei tanto uma cirurgia. Na prática, passei a lua de mel no hospital, mas não me lamento por isso, pois estava ao lado da Cris, e isso faz com que qualquer local se torne especial. Costumo brincar dizendo que minha lua de mel não deixou nada a desejar, pois tinha apartamento com ar-condicionado, café da manhã, médicas e enfermeiras 24 horas.

A quarta cirurgia

A cirurgia após o casamento não me ajudou em nada, pelo contrário, eu piorava a cada dia que passava. Não sei qual o motivo, mas as dores se intensificavam pela noite, dormir era uma tarefa que a cada dia que passava ficava mais difícil. Por diversas vezes, vi o sol nascendo, pois acordava pela madrugada e ficava andando pelo quintal de um lado para outro. Tinha a impressão que assim a dor diminuía.

Fazia de tudo para não acordar a Cris, ela ficava muito nervosa quando me via naquela situação. Apesar de não sentir a dor física, ela sofria mais do que eu, pois percebia nela a dor da impotência por não poder fazer nada para resolver meu problema. Ela sempre dizia que, se Deus permitisse, ela dividiria as dores comigo. Nesses momentos, via a sinceridade nos olhos dela, só alguém que ama muito pode falar algo assim.

Em agosto, tivemos uma alegria, conseguimos sair do aluguel e comprar nossa própria casa, claro que era financiada, mas mesmo assim era uma conquista. Nesse mesmo mês, meu médico marcou para que eu fizesse mais uma ressonância magnética da pelve e do abdômen.

Não sei o porquê, mas algo dentro de mim dizia que não iria ter um bom resultado com esses exames. Nesse período, conheci um provérbio chinês que diz: "Espere o melhor, prepare-se para o pior e aceite o que vier". Esse provérbio caiu como uma luva para mim, daí por diante, passei a utilizá-lo como filosofia de vida.

A quarta cirurgia

Quando saiu o resultado da ressonância, estava em casa, de licença, por isso pedi para que a Cris fosse pegá-lo para mim, assim ela o fez. Lá mesmo na clínica, ela olhou o resultado e, logo depois, me ligou dizendo que havia sido diagnosticado um aumento de 1 centímetro do tumor (aquele que foi detectado em 2009, mas que, segundo os exames realizados em São Paulo, não era nada demais). A Cris ficou muito abalada com a notícia, já eu, nem tanto. Acho que já estava incorporando o provérbio e, apesar de esperar o melhor, estava me preparando para o pior.

Mostrei o resultado para os médicos, e todos foram a favor de mais uma cirurgia, e essa também era a minha opinião, pois sabia que havia algo diferente que não seria resolvido apenas com medicamentos ou outros tratamentos paliativos.

A cirurgia ocorreu no dia 20 de setembro, uma segunda-feira. Lembro que, durante o procedimento, eu acordei ainda meio dopado devido à anestesia e ouvi o cirurgião dizendo para a equipe dele que eram dois tumores. Fiquei tão tenso que pedi para o anestesista me dar mais remédio para eu dormir o restante da cirurgia, assim ele o fez.

Quando fui para o apartamento, comentei com a Cris o que tinha ouvido durante a cirurgia, e ela disse que devia ter entendido mal, pois estava dopado, e, se tivesse outro tumor, teria sido detectado na ressonância. Resolvi dar ouvidos a Cris, afinal, eu realmente estava dopado.

Pouco tempo depois, o médico ligou para falar da cirurgia, a Cris atendeu, mas fiz questão de falar com ele:

– E aí, doutor, como foi a cirurgia?

— Thales (ele deu uma pausa longa), foram retirados dois tumores e provavelmente o segundo tumor é que te dava todas as dores.

— E qual era a aparência deles?

— Thales (ele deu mais uma pausa longa), tenho que confirmar com a biopsia, mas é quase certeza de que sejam todos os dois malignos.

Desliguei o telefone e falei para a Cris. Mais uma vez ela ficou arrasada, coitada, não conseguia nem fingir para tentar me animar. Fui para essa cirurgia preparado para o pior, mas o pior veio em dose dupla.

Aprendi que devemos procurar o lado bom em tudo, até nas piores situações e dessa vez não foi diferente. Vi que, mesmo com a notícia dos dois tumores, tinha motivo para comemorar, pois, enfim, havia sido descoberto o motivo de tantas dores, o segundo tumor. E ele estava no local em que sempre falei para os médicos. Agora estava comprovado que meu problema não era psicológico. Demorou, mas foi descoberto, como diz o ditado: "antes tarde do que nunca".

Ainda internado no hospital, tive outro motivo para comemorar, o aniversário da Cris no dia 24 de setembro. Pelas circunstâncias, não teve bolo nem festa, mas, sem dúvida, foi um dia especial.

Força de vontade

A Cris é formada em Zootecnia. Costumo brincar com ela dizendo que sua formação é no curso "o que é isso?", pois essa é a pergunta que vem logo depois que ela diz sua formação. Apesar de ser um curso muito importante para a pecuária no país, poucas pessoas conhecem, principalmente aqui no Ceará.

Segundo a Associação Brasileira de Zootecnistas, a Zootecnia cuida do desenvolvimento e aplicação de tecnologias para a obtenção, industrialização e comercialização de produtos de origem animal. De um modo geral, o Zootecnista atua no melhoramento da produção animal.

Por essa breve explanação, percebe-se que a formação em Zootecnia, não tem nada a ver com Economia, Direito e Contabilidade, assuntos bastante explorados na grande maioria dos concursos públicos. Esse era o argumento que a Cris usava quando eu tentava convencê-la de que deveria estudar para concurso. Ela sempre dizia:

– Como vou largar uma área em que estou há cinco anos para me arriscar em um mundo que não tem nada a ver com o meu?

Esse era o dilema, ela teria que largar a Zootecnia, onde já tinha as portas abertas, para arriscar no mundo dos concursos. Mas, para minha sorte e para a sorte da Cris, consegui convencê-la a estudar para concurso público.

A Cris iniciou os estudos no primeiro semestre de 2009, logo quando foi publicado o edital do concurso de Assistente Técnico-Administrativo do Ministério da Fazenda. Tratava-se de um concurso de nível médio, o que era bom, pois o conteúdo cobrado não era tão grande e assim ela não se assustava tanto com esse "bicho" chamado concurso público. Além do conteúdo, esse concurso ainda tinha outra grande vantagem, havia vaga para Fortaleza, e essa era uma condição básica, pois, pela minha situação, não poderia voltar a morar no interior.

Apesar de não conhecer nada do assunto cobrado, ela iniciou os estudos em casa mesmo, sem fazer curso preparatório, e, sempre que eu podia, ficava tirando suas dúvidas mais simples. Ela estudava várias horas por dia, mas acho que não se dedicava de verdade, pois não acreditava que realmente tinha chance de passar. A meu ver, acreditar que se pode conquistar algo faz toda a diferença.

Sua prova ocorreu em maio de 2009 com apenas três meses de preparação. Como era de se esperar, ela não passou, mas, por incrível que pareça, ela foi bem e chegou perto de conseguir uma vaga e esse "perto de conseguir uma vaga" foi o bastante para ela realmente acreditar que tinha chance.

Nesse período, falava-se muito que haveria concurso para Analista de Controle Externo do Tribunal de Contas dos Municípios do Estado do Ceará – TCM/CE, um órgão Estadual responsável por fiscalizar as contas dos Municípios. O último realizado por esse Tribunal havia sido na década de 90. Falei para a Cris que esse concurso era perfeito, pois, além de ter uma boa remuneração, todas as vagas eram para Fortaleza. Dessa vez, logo ela topou.

Agora a preparação deveria ser mais profissional, pois era um concurso de nível superior com várias disciplinas. Por isso ela se matriculou em um curso preparatório, assim, assistia às aulas pela noite e estudava em casa durante o dia.

Agora era diferente, apesar de ter a incerteza típica de qualquer concurseiro, ela acreditava que realmente tinha chance de passar, e, como já disse, isso faz toda a diferença. Lembro que certo dia ela chegou a casa cantando a música Mais Alguém, interpretada pela Roberta Sá, na qual há o trecho que diz: "Não deixe ideia de não ou talvez, que talvez atrapalha". Nesse dia, ela chegou contagiante e dizendo que iria passar.

Com pouco tempo de curso, ela passou a participar de um grupo de estudo formado por mais três amigas. Elas se reuniam apenas para resolver questões e tirar dúvidas umas das outras. A Cris era a mais iniciante nesse mundo dos concursos, o que acabou sendo um estímulo a mais, pois tinha que ter uma dedicação extra para acompanhar o ritmo das amigas, algo bem semelhante com o que havia acontecido comigo.

Enfrentar as dificuldades de concurseira não era seu único problema, pois toda essa preparação ocorria em paralelo com os meus problemas. Por diversas vezes, ela teve que faltar aula ou deixar de comparecer no grupo de estudo para ficar comigo em casa ou para me levar ao hospital.

Em fevereiro de 2010, foi publicado o edital. A Cris ficou tão nervosa que chorou quando viu. O certame contava com um total de 42 vagas, o seu conteúdo programático tinha aproximadamente 14 disciplinas, e a prova estava marcada para o mês de maio. A partir desse momento, ela passou a se dedicar mais ainda, mas sempre me acompanhando nos momentos em que precisava.

No dia da prova, ela estava tranquila, mas, quando terminou, foi um choro só. Parece que tinha perdido toda a confiança na aprovação, dizia que não iria passar, pois tinha feito uma má prova e que não deveria ter se metido nessa "história" de concurso público e que tinha sido tudo perda de tempo. Engano dela, pois no dia 28 de junho de 2010, 14 dias após a minha terceira cirurgia, saiu o resultado, e ela havia sido aprovada na 27ª posição, ou seja, passou com folga. Lembro que, nesse dia, ela chorou muito de alegria.

Costumo brincar dizendo que esse concurso foi uma novela mexicana, teve choro antes, durante e depois da prova. Claro que é só para implicar mesmo, pois sei a guerreira que ela foi nesse concurso.

Sua posse ocorreu em outubro de 2010. Nesse período, estava me recuperando da quarta cirurgia, ainda não estava saindo de casa, mas fiz um esforço para poder assistir à cerimônia. Foi um prazer muito grande vê-la realizando esse sonho, principalmente diante de tantas dificuldades. Ela demonstrou que, quando se tem força de vontade, nada é impossível.

Início da quimioterapia

Recuperado da cirurgia, já era outra pessoa, não sentia mais dores. Parece esquisito, mas levei uns quatro meses para me acostumar a não senti-las, como diz na música Vida Diet cantada pelo Pato Fu: "A gente se acostuma com tudo, a tudo a gente se habitua..."

A letra dessa música é pura verdade, a gente se acostuma com tudo, até com coisa ruim, no meu caso, com dor. Estava tão habituado a sentir dores que ficava maravilhado com o fato de sair para algum lugar sem ter que tomar remédios, e o melhor de tudo, voltei a dormir, parecia estar nas nuvens.

Havia superado um grande problema, a dor, mas o principal ainda estava por vir. O resultado da biopsia confirmou o que o cirurgião suspeitava, eram dois tumores malignos, e todos os dois classificados como de alta malignidade.

Como o cirurgião já havia adiantado suas suspeitas, de certa forma, foi mais fácil aceitar o resultado e assim me preparar para os novos desafios.

Mostramos o resultado do exame para o oncologista, ele disse que não tinha mais como esperar, teria que iniciar o mais rápido possível a quimioterapia e que, no meu caso, o mais recomendado seria um tratamento oral através de comprimidos.

O médico disse que esse tipo de tratamento ataca mais as células cancerígenas, tendo efeitos colaterais menores que os existentes nas quimioterapias tradicionais. Mesmo assim, não deixou de ser um baque para nós, afinal, era algo novo, e, nesse caso, o novo assustava.

Como se tratava de um medicamento de alto custo, tentei autorizá-lo com o meu plano de saúde, mas ele negou alegando que o plano só estava obrigado a oferecer o tratamento quimioterápico tradicional e não por comprimido. É impressionante a falta de preocupação dos planos com a saúde de seus beneficiários. Ainda bem que, a partir de janeiro de 2014, a Agência Nacional de Saúde Suplementar – ANS obrigou os planos a custearem esse tipo de tratamento.

Voltei para meu oncologista e disse que o plano havia negado o medicamento. Ele disse que eu tinha direito a receber os comprimidos pelo Sistema Único de Saúde – SUS, mas que o SUS só tinha disponibilidade de oferecer o tratamento de 20 pacientes e que até o momento já havia 19 fazendo-o. Ou seja, havia apenas uma vaga disponível. Ele acrescentou que a vaga poderia ser minha, se eu quisesse, mas disse que preferiria que eu entrasse na Justiça contra o plano, assim deixaria a vaga para uma pessoa sem acesso a plano de saúde.

Fiquei entre a cruz e a espada, garantir meu tratamento junto ao SUS ou lutar na Justiça contra meu plano de saúde e deixar a vaga para outra pessoa que viesse a precisar. Na prática, era trocar o certo pelo duvidoso, onde, além de ter um custo financeiro, estava em jogo a minha saúde, afinal, o médico já havia falado que eu deveria iniciar o tratamento o mais rápido possível.

Depois de "um papo" com minha consciência, optei pelo duvidoso, ou seja, optei em entrar na Justiça contra meu plano de saúde e assim o fiz. Contratei um advogado e, diante da urgência, ele pediu logo uma liminar, que foi concedida. Ainda demorou 20 dias, mas finalmente saiu.

Quando fui para o médico dizer que havia conseguido o tratamento pela Justiça, ele me parabenizou e disse que infelizmente a vaga do SUS havia sido ocupada por uma pessoa que também tinha plano de saúde e, por coincidência, o mesmo que o meu. Ou seja, gastei dinheiro, atrasei meu tratamento pensando em ajudar uma pessoa mais necessitada e acabei deixando a vaga para outra pessoa que, em tese, tinha as mesmas condições de brigar na Justiça que eu. Pelo menos, fiz minha parte e fiquei com a consciência limpa.

Faculdade de Direito

Iniciei o ano de 2011 determinado a esquecer tudo o que passei. Meu pensamento inicial foi voltar a estudar para concurso, mas, quando toquei no assunto em casa, a Cris me colocou contra a parede. Ela disse que já estávamos os dois concursados em Fortaleza e que não fazia sentido sair da cidade para outro concurso.

Assim, parti para o plano B, resolvi voltar para a faculdade e iniciar o curso de Direito. Dessa forma, ocupava a mente e ainda ficava fazendo uma atividade que me dava prazer. Cheguei a conversar com meu oncologista sobre meus planos, e ele disse que, devido ao tratamento, talvez esse não fosse o momento ideal para eu fazer uma nova faculdade. Mas, mesmo assim, resolvi seguir em frente.

A escolha do curso de Direito ocorreu devido à afinidade que tive com essa área. É comum se ver concurseiros dizendo que detestam Economia ou Contabilidade, mas, com as disciplinas de Direito, isso não acontece muito. Geralmente os concurseiros gostam delas, e comigo não foi diferente.

Nesse período, passei a sair de casa às 6h30min (sempre gostei de começar a trabalhar cedo) e só saía do trabalho às 17h30min para ir direto para a faculdade. No final das contas, chegava a casa às 23h.

O início do curso foi uma maravilha. Como já tinha um pouco de conhecimento em Direito, estava sempre participando das aulas e também tirando dúvidas dos novos colegas, mas essa empolgação não durou muito, pois, o que era prazer, logo passou a ser obrigação.

Acho que só consegui ficar bem na faculdade nos dois primeiros meses, pois, depois disso, os efeitos colaterais da quimioterapia começaram a me incomodar cada vez mais.

A partir do terceiro mês de faculdade, não consegui mais dirigir, pois, além das constantes crises de labirintite, também sentia bastante fadiga muscular e dores nas articulações. O simples fato de passar a marcha do carro já era algo que me prejudicava.

Nessa situação, a Cris passou a dirigir para mim me levando tanto para o trabalho quanto para a faculdade. Falava para todo mundo brincando que a Cris era minha Mô, minha motorista.

Nesse período, passei a ouvir de várias pessoas que eu deveria largar a faculdade, pois não estava em condição física para aguentar essa rotina diária. Apesar de saber que essas pessoas estavam certas, resolvi continuar até terminar o semestre, pois sabia que assim ia me sentir melhor, com o sentimento de que fui até onde podia.

Com muito esforço, consegui terminar o semestre. Apesar de a faculdade me trazer um grande desgaste físico, estava me sentindo muito bem do ponto de vista emocional, queria muito ter continuado, mas, como sempre digo: *Há males que vêm para o bem.*

Mais uma vez, de novo, novamente

No segundo semestre de 2011, passei a conversar muito no intervalo de almoço com um amigo que trabalhava na Receita Federal comigo. Ele já estava se preparando há algum tempo para o concurso de Auditor-Fiscal da Receita Federal do Brasil – AFRFB, inclusive já havia ficado bem perto de passar no certame de 2009 e, até então, praticamente não tinha parado de estudar para esse concurso.

Nessas conversas, ele sempre dizia que eu deveria voltar a estudar. De início, não me animava muito, acho que, devido à frustração de ter largado a faculdade, acabava ficando um pouco "pé atrás".

Mas, com o passar do tempo, essa ideia de voltar a estudar foi florescendo e eu comecei a sonhar com essa possibilidade outra vez.

Depois de muito pensar e repensar, decidi (mais uma vez, de novo, novamente) voltar a estudar, mas não era uma decisão simples, pois, além das limitações físicas, também tinha que convencer a Cris. De início, ela foi contra, pois dizia que naquele momento deveria dar atenção a minha saúde, mas depois consegui convencê-la. Mais uma vez, ela percebeu o quanto passar em outro concurso era importante para mim.

Voltei a estudar por volta do mês de setembro e com o foco no cargo de AFRFB. Fiz uma programação de estudo dentro das minhas limitações, estudava em média 2h30min por dia.

No intervalo do trabalho, estudava durante uma hora, o restante do tempo que sobrava era para almoçar e descansar um pouco. Como ficava praticamente sozinho na sala, jogava um colchonete no chão e deitava por volta de 30 minutos. Esse curto período deitado era fundamental para conseguir trabalhar o resto da tarde.

Pela noite, estudava mais 1h30m, mas antes, passava um bom tempo deitado, pois chegava a casa muito cansado e com o corpo todo fatigado. Nesse período, passei a adotar um grito de guerra a fim de ter força para levantar e voltar a estudar. Eu gritava bem alto "no pain, no gain", algo que pode ser traduzido como "sem dor, sem vitória". Sei que parece um pouco de loucura, mas acredito que todo mundo precisa de algo a mais para se motivar, no meu caso era esse grito. Acho que até hoje os vizinhos devem ter curiosidade para saber por que eu dava esse grito todas as noites.

Levei essa rotina de estudo até dezembro de 2011, mas, até então, acho que era muito mais para manter a mente ocupada do que para passar em concurso mesmo, pois tinha consciência de que, nesse ritmo, não teria como disputar um vaga para o cargo desejado. Precisava de algo diferente, precisava de mudança.

Aparando as arestas

Comecei o ano de 2012 determinado a me dedicar mais ao concurso, mas, para isso, tinha que melhorar a saúde. De início, me consultei com uma médica especializada em dor, e ela disse que, como meus sintomas eram ocasionados por uma quimioterapia, não havia medicamento que me ajudasse. Então ela recomendou que eu fizesse alguma atividade física leve e sugeriu o pilates.

Pilates é um método de controle muscular desenvolvido por Joseph Pilates na década de 1920, e consiste em uma série de exercícios e alongamentos. Essa técnica permite a reeducação de movimentos procurando exclusivamente aumentar a flexibilidade, força muscular, corrigir a postura, melhorar a respiração, e prevenir lesões. Seus princípios básicos são: concentração, controle, respiração, alinhamento, centralização e integração de movimentos.

Como era um pouco resistente a essa história de fazer pilates, a Cris disse que, se eu fosse, ela iria também. Como aceitei, passamos a fazer juntos. Íamos duas vezes por semana. Essa foi uma decisão muito acertada, pois melhorou bastante meu quadro clínico. Engraçado que até hoje isso é motivo de chacota entre amigos. Eles estão sempre pegando no meu pé. Dizem que não é atividade para homem, costumo responder dizendo que prefiro ficar no pilates ao lado de mulheres do que na musculação ao lado de vários "machões".

Paralelo ao pilates também passei a fazer, uma vez por semana, um tratamento chamado terapia manual, que consiste em desmanchar os pontos de dor (ponto gatilho) através de apertões na musculatura. Sem dúvida, um dos tratamentos mais sofridos que já fiz, pois dói muito, muito mesmo, mas que depois traz resultados positivos.

Outro ponto que tive que mudar foi o carro, passar a marcha era algo que me desgastava muito, sentia muitas dores no braço direito. Para resolver esse problema, decidi fazer um esforço financeiro a mais. Vendi meu carro com câmbio manual e comprei um com câmbio automático. Essa troca também me ajudou bastante.

Apesar de ainda sentir os efeitos da quimioterapia, percebi que, com todas as mudanças, estava bem melhor e com mais condições de enfrentar a maratona dos estudos.

Outro baque em minha vida

Com todas as mudanças efetuadas, e com muito esforço, passei a estudar 4 horas por dia, sendo uma no intervalo do trabalho e três pela noite.

Nesse período, já havia muitos comentários de que o edital estava perto de sair. Por conta disso, eu e o meu amigo combinamos de pedir a licença capacitação juntos, pois assim teríamos mais tempo para dedicar ao concurso.

Para quem não conhece, a licença capacitação é um direito dado ao servidor público federal, disciplinado pelo artigo 87 da Lei nº 8.112/90 onde:

> *"Após cada quinquênio de efetivo exercício, o servidor poderá, no interesse da Administração, afastar-se do exercício do cargo efetivo, com a respectiva remuneração, por até três meses, para participar de curso de capacitação profissional".*

Decidimos fazer um curso de inglês instrumental, pois unia o útil ao agradável já que além de o curso de língua estrangeira estar alinhado com o programa de educação corporativa da Receita, ele também poderia ajudar na prova de língua estrangeira do concurso.

Protocolamos o pedido da licença no final de abril e programamos para iniciar o curso no dia 04 de junho. Estava tudo caminhando bem até que veio mais um baque, desses que a gente nunca está preparado para receber.

No dia 03 de maio, numa quinta-feira, no final da tarde, estava em casa quando a Cris me ligou do trabalho chorando muito e dizendo que havia dado problema no exame dela e que já havia falado com o médico e ele disse que havia sido detectado um carcinoma papilífero na tireoide, um tipo de câncer. Assim que ela terminou de falar pedi para que viesse direto para casa.

Lembro-me dela chegando a casa já com o rosto inchado de tanto chorar, me abraçando e perguntando: "E agora, o que vamos fazer?" Pelo destino da vida, os papéis se inverteram, e, naquele momento, senti as mesmas dores de impotência que ela tanto sentiu. Ela se perguntava muito porque nós dois tínhamos que passar pelo mesmo problema. Era o que mais pesava na sua cabeça. Tentei acalmá-la dizendo que havíamos construído nossa união em bases sólidas e que juntos poderíamos superar qualquer problema, mas claro que, no fundo, eu também estava bem abalado com a notícia.

É impressionante como a vida pode dar voltas. Estava totalmente focado nos estudos, e, de repente, tudo muda. Mais uma vez tive que suspender os estudos por motivos de saúde.

Com a urgência que o caso exigia, conseguimos marcar a cirurgia para o dia 14/05, onze dias depois da descoberta. Pode até parecer pouco tempo, mas, na verdade, foi um longo período de incerteza, medo e esperança. Mas, graças a Deus, deu tudo certo, e a cirurgia foi um sucesso.

Nesse período, conheci a música Felicidade, de Marcelo Jeneci, onde tem um trecho que diz: "Tem vez que as coisas pesam mais do que a gente acha que pode aguentar, nessa hora fique firme, pois tudo isso logo vai passar". Mostrei para a Cris, e ela adorou, tinha muito a ver com a gente. Até hoje ouvimos muito essa música.

Pouco tempo depois, os papéis se inverteram novamente. No dia 23 de maio, foi meu aniversário e, dessa vez, era a Cris que estava em recuperação. De início, não iria ter nada, mas ela insistiu para fazermos uma pequena comemoração. Sem dúvida, esse foi um dia especial, não pelo meu aniversário, mas, sim, por ter visto o meu amor sorrir novamente.

Os estudos e os efeitos colaterais da quimioterapia

No dia 24 de maio, um dia após meu aniversário, foi publicada a autorização para a realização do concurso de AFRFB. O momento não era dos mais propícios para voltar aos estudos, mas não tinha como esperar, era necessário me organizar e focar o objetivo.

Como planejado, no dia 04 de junho, começou a minha licença capacitação. Dessa vez, a sorte estava sorrindo para mim, pois a licença havia encaixado certinho com o cronograma do concurso.

Com a licença, passei a estudar mais horas por dia. Fiz uma programação de estudo que intercalava as aulas do curso de inglês com os estudos em casa, mas, com o passar do tempo, essa rotina começou a me prejudicar, pois havia uma limitação física e eu teria que buscar um meio-termo entre os estudos e a minha saúde.

Como estava realmente acreditando que tinha chance de passar no concurso, acabei priorizando os estudos e tentei não reduzir a carga horária dedicada a eles, mas, para isso, teria que realizar mudanças na minha rotina.

Por isso passei a dividir o tempo que estudava em casa em dois momentos, parte estudava no escritório e parte deitado na cama. Ainda assim, para poder seguir minha programação, passei a fazer o uso de bolsas de gelo nos ombros quase que diariamente, pois essa era a parte do corpo onde mais sentia dores.

Outro ponto que me trazia muita dificuldade eram as reiteradas crises de labirintite. Quem já teve sabe o quanto é difícil ler quando se está com crise, pois quanto mais eu fazia força para continuar lendo, mais eu sentia tonturas e enjoos.

Sem dúvida, a labirintite me trouxe bem mais dificuldade do que as dores musculares, pois estas eu conseguia superar com a força de vontade, mas aquela não, era necessário tratamento.

Fui ao médico e contei minha situação. Ele disse que realmente a labirintite fazia parte das reações da quimioterapia e que poderíamos tratar com medicamentos, mas havia um problema, todos os medicamentos para esse caso dão sonolência e que isso iria dificultar os estudos. Como não tinha outra solução, aceitei iniciar o tratamento e assim lutar contra a sonolência.

No início do tratamento, logo senti melhoras da labirintite, e, quanto ao sono, passei a lavar o rosto no banheiro diversas vezes ao dia, mas não diminuí nenhuma hora dos meus estudos por conta dele.

Pouco tempo depois de iniciar o tratamento, passei a sentir algo muito estranho, minhas veias das pernas passaram a ficar muito dilatadas com uma forte pressão. Com pouco mais de meia hora sentado, já tinha que suspendê-las em algo para poder continuar estudando, mesmo assim, depois de um tempo, tinha que me deitar porque a pressão nas pernas era muito grande.

Nesse período, apesar de a cirurgia da Cris ter sido um sucesso e de os médicos terem dito que as chances de cura giravam em torno de 97%, ela ainda se encontrava bastante fragilizada. Por conta disso, frequentemente cobrava que eu deveria dar mais atenção para ela, e principalmente para a minha saúde, algo que, para Cris, eu estava deixando de lado por conta dos estudos. Essas cobranças foram se tornando mais frequentes, até que um dia ela estourou comigo.

Estava estudando sentado, com as pernas penduradas em uma cadeira e com as bolsas de gelo nos ombros, algo que já vinha acontecendo rotineiramente. Nesse dia, falei para mim mesmo que iria suportar a pressão das pernas até terminar todo o conteúdo programado para aquele dia e realmente fiz assim, mas, quando me levantei para ir ao quarto dormir, não aguentei dar mais do que três passos e me joguei ao chão devido à forte pressão das pernas e tudo isso aos olhos da Cris. Ela ficou perplexa naquele momento sentindo um misto de raiva e dó ao mesmo tempo.

Para a Cris, tudo aquilo era a prova de que ela estava certa e que, de fato, eu só pensava nos estudos e deixava de lado ela e a minha saúde. Expliquei-me dizendo que, sobre minha saúde, tinha consciência dos meus limites e que sabia até onde poderia ir e que, sobre ela, a partir daquele momento, passaria a dar mais atenção. Assim fiz, voltei a dar mais atenção a Cris, mas sem esquecer os estudos. Diversas vezes, ficava a seu lado até que ela dormisse e depois voltava a estudar, mas, só depois que passou o concurso, foi que ela ficou sabendo disso. Graças a Deus, depois de algumas tentativas, consegui encontrar um medicamento que melhorasse a labirintite sem o efeito colateral da dilatação das veias, até hoje uso esse medicamento.

A importância do planejamento

Segundo o *Dicionário On-line Michaelis*, "planejamento" pode ser definido como coordenação de meios e recursos para atingir os objetivos. Sem dúvida, trata-se de algo muito importante para se conseguir alcançar os resultados desejados.

Por isso sempre que se precisar iniciar algo novo, deve-se separar um bom tempo para o planejamento, pois, no futuro, isso vai fazer uma grande diferença. É nesse momento que se deve despertar aquela pessoa metódica que existe dentro de você.

No YouTube, existe um vídeo intitulado Planejamento Estratégico, que trata de uma apresentação muito engraçada onde uma criança traça um planejamento para atingir seu próprio objetivo. Claro que é uma brincadeira, mas não deixa de passar uma mensagem muito importante sobre o assunto.

A publicação do edital

O edital foi publicado no dia 06 de julho de 2012 e, nessa mesma semana, fui assistir à palestra do professor Alexandre Meirelles na qual seriam dadas dicas de como se planejar para os estudos. Sobre o planejamento não havia muita novidade, pois era praticamente o que eu já aplicava nos meus estudos, mas, no decorrer da palestra, ele falou algo que achei muito interessante.

Segundo o professor, das 200 vagas ofertadas, cerca de 20 já tinham dono, pois seriam daquelas pessoas que já estavam se preparando há muito mais tempo e com um nível de conhecimento bem maior e que essas pessoas iriam passar independente de qualquer fator, fosse ele interno ou externo.

Sobre as outras 180 vagas, ele disse que havia cerca de duas mil pessoas concorrendo entres elas, já o resto dos inscritos iria fazer a prova por experiência ou por loucura mesmo. Ainda segundo o professor, a aprovação desses dois mil iria depender de vários fatores, entre eles, o planejamento, a motivação, o poder de concentração e vários outros fatores externos que podem influenciar um candidato no dia da prova.

Claro que não existia nenhum estudo científico sobre essas estatísticas, mas, sem dúvida, havia um percepção empírica bem próxima da realidade, por isso achei muito interessante essas ponderações. Fazendo uma autocrítica, podia perceber fácil que não estava na lista dos 20, mas tinha total consciência de que estava entre os dois mil candidatos que iriam brigar pelas 180 vagas. Sem dúvida, foi um motivador a mais. Tenho certeza de que essa forma de raciocínio se aplica para todos os outros concursos.

No dia da prova

As provas da primeira fase ocorreram nos dias 22 e 23 de setembro, respectivamente, um sábado e um domingo. De certa forma, estava confiante, pois tinha consciência de que tinha chance de passar no concurso, já que havia feito um bom planejamento de estudo e, mesmo com todas as atribulações vividas, consegui cumprir com o planejado, onde havia conseguido estudar quase todo o conteúdo da prova, revisar e praticar com muitos exercícios.

No sábado à tarde, foram aplicadas as provas de conhecimentos gerais (Língua Portuguesa, Inglês, Raciocínio Lógico-Quantitativo, Direito Civil, Direito Penal, Direito Comercial, Administração Geral e Pública). A duração máxima da prova era de 5 horas, e eu utilizei praticamente todo esse tempo. Apesar de ter conseguido concluir a prova sem nenhuma dificuldade do ponto de vista físico, terminei-a muito abatido, pois havia me preparado para acertar algo em torno de 80% e, pela dificuldade que foi apresentada, não iria chegar nem perto disso. Depois que conversei com outros colegas, fiquei mais aliviado, pois percebi que a prova não foi difícil apenas para mim, mas sim para todos.

No domingo, que seria o dia mais pesado, estava programada prova pela manhã (Direito Constitucional, Direito Administrativo, Direito Tributário e Auditoria) e pela tarde (Contabilidade Geral e Avançada, Legislação Tributária,

Comércio Internacional e Legislação Aduaneira). Por isso, ainda no sábado à noite fiquei com um dilema, tomar o medicamento para labirintite e enfrentar a maratona de prova do dia seguinte com sono, ou não tomar o medicamento e arriscar acordar em crise.

Dentre as possibilidades, infelizmente optei pela segunda e acordei com uma forte crise de labirintite, acho que foi a pura constatação da Lei de Murphy onde popularmente é dito que "Se algo pode dar errado, dará".

Fui fazer a prova com vertigem, náuseas e, para piorar, com um zumbido chato no ouvido. Mesmo assim, achava que conseguiria concluí-la sem maiores transtornos, pois já havia estudado algumas vezes naquela mesma situação. Mas, dessa vez, foi diferente, pois a concentração aplicada em uma prova gera um desgaste físico muito grande.

À medida que o tempo ia passando, a sensação de enjoo ia aumentando, e, por consequência, meu poder de concentração ia diminuindo. Cheguei ao meu limite ainda na metade da manhã. Pensei sinceramente em desistir, lembro que fui ao banheiro e, quando vi minha imagem no espelho, comecei a chorar. Fiquei pensando em tudo o que havia passado e que todo o esforço tinha sido em vão. Mas, graças a Deus, depois de muito lavar o rosto na pia, consegui voltar e concluir a prova.

Quando voltei do banheiro, como ainda estava com um zumbido no ouvido, passei a ler os textos em voz alta para tentar melhorar minha concentração. Engraçado que, no início da tarde, uma candidata que estava na minha frente me chamou e disse: "Moço, por favor, leia os textos em voz baixa, porque me incomodou muito pela manhã". Fiquei tão preocupado em abafar o meu zumbido que acabei nem percebendo que estava incomodando os outros candidatos.

No dia 11 de outubro, foi divulgada a lista dos aprovados na primeira fase, e, para a minha felicidade, meu nome estava lá, mas não comemorei muito, pois sabia que ainda tinha que enfrentar as provas discursivas. Lembro que a Cris ficou pegando no meu pé, dizendo que eu tinha que relaxar um pouco e aproveitar aquele momento. Claro que eu sabia que havia dado um grande passo rumo à aprovação, mas ainda faltava o passo final, por isso controlei a euforia e voltei a estudar pouco tempo depois de ver o resultado.

No dia 21 de outubro de 2012, num domingo à tarde, foram ministradas as quatro provas discursivas (um tema, em um mínimo de quarenta e em um máximo de sessenta linhas, e de três questões, em um mínimo de quinze e em um máximo de trinta linhas cada). Nesse dia, estava bem, sem nenhum sinal de labirintite, assim consegui responder bem as provas e sai de lá com o sentimento de dever cumprido, mas, claro, com muitas dúvidas sobre minha aprovação. Agora, só restava esperar.

O tão esperado dia

Vida de concurseiro não é fácil. Pouco tempo depois de passar a prova discursiva, já rolava um boato de que o resultado iria sair. Aí já viu, a ansiedade toma conta de tudo.

Nessa época, estava no horário de verão, e a cidade de Fortaleza não faz parte dele. Assim, o horário de Brasília sempre fica uma hora adiantada em relação a Fortaleza. Geralmente, o *Diário Oficial da União*, onde são divulgados os resultados dos concursos do Executivo Federal, é publicado por volta das 6h50mim, como, nesse período, Fortaleza fica uma hora atrasada, passei a levantar às 5h30mim, na espera de que "naquele dia" o resultado seria divulgado, e a ansiedade iria acabar.

Essa rotina se repetiu por algumas vezes, até que, no dia 29 de novembro de 2012, finalmente foi divulgado o resultado da prova discursiva, e, pela pontuação, consegui ficar classificado dentro das vagas.

Lembro que, quando vi o resultado, fiquei paralisado sem atitude para nada, até que chamei a Cris e disse sem esboçar nenhum tipo de emoção: "Acho que passei". Já ela, de imediato, começou a gritar e comemorar feito uma louca. Era um entusiasmo tão grande que eu não havia visto nem na sua própria aprovação. Logo depois, a Cris começou a chacoalhar minha cabeça e gritar: "Você passou, você passou, pode comemorar".

Acho que era justamente isso que eu precisava para acordar e perceber que aquele tão sonhado dia havia chegado. Logo passei a ter sentimentos aparentemente antagônicos e difíceis de explicar, mas era algo como uma infinita paz interior caminhando lado a lado com uma explosão de euforia.

Nesse momento, liguei o som no volume máximo e fiquei ouvindo, por várias vezes, o Tema da Vitória (vinheta da fórmula 1). Sempre gostei muito dessa música, mas, um ano antes, havia prometido para mim mesmo que só voltaria a escutá-la quando fosse aprovado no concurso público, e finalmente esse momento havia chegado. Nesse dia, fui trabalhar ouvindo essa música no carro e me sentindo um verdadeiro campeão, juro que inclusive ficava colocando o braço para fora do carro com os punhos erguidos como o nosso campeão Ayrton Senna muitas vezes o fez.

Esse foi o momento que olhei para o passado e vi meu nome, onde embaixo tinha escrito, dor, sofrimento, tratamento, medo, superação. Ou seja, tudo o que passei para passar e, nesse instante, fiz o balanço e percebi que valeu a pena, valeu a pena todo o esforço e dedicação. Não sei se o que fiz, ao priorizar os estudos e deixar a saúde um pouco de lado, foi o certo, mas de uma coisa tenho certeza, o que fiz deu certo e hoje tenho orgulho disso.

Entre idas e vindas nesse mundo dos concursos públicos e diante de todas as atribulações que vivi, levei oito anos para atingir meu objetivo maior, ser aprovado em um cargo que me proporcionasse realização profissional. Se fosse necessário, tentaria por mais tempo. Alguns podem dizer que demorei muito para passar ou que tive várias reprovações, mas a verdade é que cada um tem o seu próprio tempo, e, no final das contas, o que vai valer mesmo é o quanto se está determinado em atingir seus objetivos, sejam eles quais forem.

Apesar de hoje, ainda estar fazendo o tratamento quimioterápico e continuar convivendo com seus efeitos colaterais, graças a Deus, estou bem. Como diz o cantor Seu Jorge na música Seu Olhar: "Depois da onda pesada, a onda zen". Acredito que estou vivendo minha onda zen.

EDITORA IMPETUS

Rua Alexandre Moura, 51
24210-200 – Gragoatá – Niterói – RJ
Telefax: (21) 2621-7007

www.impetus.com.br

Esta obra foi impressa em papel pólen soft 80 grs./m²